経営革新計画の承認を受け、成功している中小企業 31 社の事例

経営革新計画で成功する企業

小林 勇治 ——【編著】
Kobayashi Yuji

同友館

目　次

序章　経営革新計画の承認と効果ある進め方

1. 経営革新計画承認とその本質を知る ………………………………… 2
2. 経営革新計画フォローアップと東京都の表彰制度への応募 ………… 10
3. 企業・事業ソリューションはこのように進める ……………………… 14
4. 事業期待効果と実現可能性を確認する ………………………………… 18
5. 経営革新を実現し中小企業利益向上による社会貢献をしよう ……… 21

第1章　経営革新計画承認で躍進している製造業の事例

1. 高品質・低コスト「消音装置」で躍進するアルパテック㈱ ………… 24
2. 消火設備用鋼管加工の内製化とモジュール化で躍進する㈱ニチボウ … 30
3. オートバイ用HIDヘッドライトで躍進する㈲サイン・ハウス ……… 36
4. 家庭用品進出で躍進を目指す鴨肉トップのコックフーズ㈱ ………… 42
5. 新技術でリビングの風を変えるバルミューダ㈱ ……………………… 47
6. アロマの香りで店内を演出する企業に変身した㈱メリ・テック …… 52

第2章　経営革新計画承認で躍進している建設業の事例

1. 改良フーチングレス・パネル工法で躍進する㈱コクヨー …………… 60
2. 高級路線で収益体質をつくり上げた㈱新居伝 ………………………… 66
3. 提案型デザインリフォーム事業で躍進する㈱カネタ建設 …………… 71
4. 吸引掘削工法の実用化により経営革新をした山美津電気㈱ ………… 76
5. 建売住宅のブランド価値を追求する㈱Promoters ……………………… 81
6. 内装解体から産業廃棄物処理一貫体制で発展する㈱ナンセイ ……… 86

はじめに

　平成11年度からスタートした経営革新計画承認施策は，平成23年5月末時点で全国累計45,801件となった。13年にもわたり今なお承認数は衰えるところを知らない。中小企業にとって経営革新が，いかに必要であるかを示す証左でもある。この高い評価を受けながらも，全国中小企業387万社（平成21年総務省調査）の1.2％にとどまっている。

　多くの中小企業がこの施策を活用して躍進をしている一方，いまだ知らないで，経営革新に遅れをとっている企業も少なくないのではないか。そんな思いから，（社）中小企業診断協会東京支部所管の「経営革新実践支援研究会」が中心になって本書を執筆した。本書を出版することで，多くの企業が経営革新計画承認によって躍進していることを伝え，この施策の恩恵に浴してほしいと願っている。

　この不況の中にあって，東京都が推進する経営革新最優秀賞，優秀賞，奨励賞を受賞した企業をはじめ，多くの企業が経営革新によって克服し，立派に利益を上げている。それらの企業はどのようにして経営革新を実現したのか。企業の秘密部分にも触れるノウハウを公開していただいて，広く産業の発展に寄与できればと思っている次第である。これを参考に次なる承認企業が輩出されることを願っているものである。

　ときあたかもタイミングよく，経営革新計画優秀賞を平成22年度から発案された東京都の施策は，我々中小企業にとって大いなる励みとなっている。

　そこで，経営革新計画施策を広く普及推進を図るため，掲載企業は東京都を中心としながらも，地方の経営革新成功企業も掲載し，啓発活動に役立ちたいと思っている。

　最後に，この執筆に協力いただいた企業の皆さんはじめ，企画に賛同していただき，協力していただいた関係機関の皆様には心より御礼申し上げたい。

執筆者を代表して　小林　勇治

第3章　経営革新計画承認で躍進している卸売業の事例

1．トータルビジネスサポートで躍進する㈱シービージャパン …………… 92
2．脱臭ビジネスに着目して市場開拓に挑むアイダッシュ㈱ …………… 97
3．新型インフルインザ対策抗ウイルスマスクで成功した㈱セス ………… 102
4．塗装業より環境企業へ経営革新を図った㈱松茂良 …………………… 108
5．環境にやさしいアスベスト工法普及で躍進を図る㈱ウイズユー ……… 113

第4章　経営革新計画承認で躍進している小売業・飲食業の事例

1．顧客と深くつながる仕組みで囲い込みを図る㈱ファイエット ………… 120
2．経営指導からマーケティング代行業に革新した㈲ビーウィッシュ …… 125
3．店舗展開の経営革新　玩具小売業㈱サンマルタ ……………………… 131
4．フランチャイズチェーン展開・飲食店への進出に成功した㈱ひびき …… 136

第5章　経営革新計画承認で躍進しているサービス業の事例

1．多彩な教育サービス拡充で躍進する㈱未來舎 ………………………… 142
2．中国人向け訪日結婚式サービスへ業容拡大するゲストハウス㈲ ……… 147
3．セル生産方式で更なる飛躍を目指す㈱セルフ ………………………… 152
4．総合リゾート会社へと躍進する㈱小笠原エコツーリズムリゾート …… 157
5．企業価値向上による事業再生に取り組む㈱ノア総合研究所 ………… 162

第6章　経営革新計画承認で躍進しているeビジネスの事例

1. データベースのリモート保守サービスを展開する
   ㈱アイ・ティ・プロデュース ………………………………………… 168
2. 無線通信技術を活かしてニッチ市場に攻め込む㈱イーアンドエム ……… 173
3. 介護ソフト新シリーズで経営革新をした㈱ジャニス ………………… 178
4. 自社商品の開発・販売で飛躍する㈱ゲネシス コンマース …………… 183
5. ネットで絵本の購買行動を革新し，躍進する㈱絵本ナビ …………… 188

序章

経営革新計画の承認と効果ある進め方

1 経営革新計画承認とその本質を知る

（1） 経営革新計画承認とは

「経営革新計画承認」といっても何のことかピンとこない人もいるかも知れない。中小企業新事業活動促進法に基づく経営革新計画作成に対して都道府県で承認することを経営革新計画承認という。中小企業が取り組む「新たな事業活動」に「実現性ある数値目標」を具体的に定めた中期的な経営計画書のことをいうのである。

（2） 経営革新計画を作成する意義は何か

事業を継続していくためには，市場環境に合わせた「新事業」を常に創造していくことが求められる。この厳しい環境下であればなおさらのことである。

こんなときほど，経営革新計画を立てる必要があるといってよいであろう。その意義はどこにあるのであろうか。

① 経営者（社長）が作成した中期経営計画を，第三者に評価してもらうことで，経営を客観的に見直すことができる。

② 経営者（社長）自らが，経営戦略を真剣に考えることで，改めて自社の強み／弱みを分析・把握することができる。

③ 都道府県から承認を得ることで，社員等のモチベーションを高めることができる。

④ 金融機関等対外的な信用力を高めることができる。

⑤ 信用保証協会の別枠設定や限度額の引き上げの道が開かれている等，優遇措置や支援措置が用意されている。

(3) 経営革新計画の要件

計画には「新たな事業活動」に取り組む内容であること，ならびに「実現性のある数値目標」の設定が必要である。

① 新たな事業活動とは次のいずれかに該当するものをいう。
1) 新商品の開発又は生産
2) 新役務の開発又は提供
3) 商品の新たな生産又は販売の方式の導入
4) 役務の新たな提供の方式の導入
5) その他の新たな事業活動

② 実現性のある数値目標とは計画期間に応じて規定されている。

図表序－1　実現性ある数値目標の規定されている伸び率

計画期間	条件① 付加価値額又は1人当たりの付加価値額の伸び率	条件② 経常利益の伸び率
3年計画	9％以上	3％以上
4年計画	12％以上	4％以上
5年計画	15％以上	5％以上

(4) 経営革新計画承認企業には次のことが用意されている

経営革新計画の承認は，各施策の利用を保証するものではなく，各施策を利用する場合は，計画の承認とは別に，各施策実施機関の審査が必要である。平成23年度現在では次のような施策が用意されている。

① 政府系金融機関による低利融資制度
② 中小企業信用保証法の特例
③ 特許関係料金減免制度
④ 中小企業投資育成株式会社法の特例（投資の特例）
⑤ ベンチャーファンドからの投資
⑥ 機械・装置に関する設備投資減税（中小企業等基盤強化税制の適用期

限は平成24年3月)
⑦ 都道府県の関連施策（東京都の場合）
1）専門家を派遣するフォローアップ

希望に応じて，中小企業診断士を派遣し，経営革新計画における経営課題の解決を支援する。その内容は，ⅰ）計画実現に向けたアドバイスをするとともに，取組み内容を掲載した経営革新計画事例集を提供できる「実施フォローアップ」。ⅱ）PDCAサイクル定着など経営支援を実施する「終了時フォローアップ」からなっている。

2）東京都革新商材事業化支援事業

経営革新計画に基づき，企業が新商品を開発し，事業化を進めるにあたり必要となる性能試験や，国内外の製品安全認証等の取得に係る試験経費を，東京都が補助する。（補助率：1／2，補助限度額：100万円）

3）東京都経営革新優秀賞

経営革新計画終了を控えた（終了までの期間が1年未満）企業を対象として，経営革新計画の実現状況，実現までの創意工夫や経営指標などを審査し，他の中小企業の模範となる企業を表彰するものである。例年6月～8月頃に募集し，東京ビッグサイトで開催される「産業交流展」の会場で表彰される。

最優秀賞，優秀賞，奨励賞が授与されるので，諦めないで応募してみると受賞できる場合もある。

4）市場開拓助成事業

都及び（公財）東京都中小企業振興公社による一定の評価または支援（経営革新計画の承認もこれに該当する）を受け開発，製品化した新製品・新技術等の販路開拓を促進するため，国内外の見本市に出展する経費や新聞，雑誌に掲載する広告費の一部を助成する。例年1月頃に，事業説明会，申請受付を行っている。（補助率：1／2，補助限度額：300万円）

（5） 経営革新計画承認の流れ
① 書類作成
　申請様式は東京都産業労働局のホームページからダウンロードできるが，概要を説明すると以下のようになる。

1）申請書に何を記載するのか
　a．当社の現状（既存事業の内容）
　b．本計画を作成するに至る「きっかけ」と経緯
　c．新事業の内容「自社にとって何が新たな取り組みであるのか」
　d．計画の実施「新事業をどのように実施するのか」
　e．計画を実施した結果はどのようになるのか

　以上の内容を検討していくが，これは一部の人が勝手に作成するのではなく，社長の思い入れをもとに，全員参加の計画書でないと参加意識が低下するので注意する必要がある。

　このほか，実施スケジュールや資金計画（算出根拠資料を含む）も必要になる。

2）提出する書類
　a．経営革新計画に係る承認申請書（正2部）
　b．定款（写し）
　c．商業登記簿謄本（写し）
　　ただし，個人の場合は，商業登記簿謄本の代わりに住民票を提出する。
　d．直近2期分の確定申告書類一式（写し）（税務署受領印のあるもの）

② 申請書の提出
　提出先は，都の産業労働局商工部経営支援課，（公財）東京都中小企業振興公社，東京商工会議所中小企業相談センター，東京都商工会連合会経営革新室のいずれかに相談または提出する。申請に関する質問も含めて，各関係機関は親切で，かつ無料で教えてくれる。気軽に相談できるので活用してほしい。

（別表1）経営革新計画

> 大学、公設試、企業などが連携先である場合は、記載してください。

> 経営革新の内容を簡潔にまとめたテーマを記載してください。

申請者名・資本金・業種	実施体制
申請者名：○○工業 資本金：2,000万円 業　種：○○製造業	現在は特になし。新商品開発の際には、外部専門家との共同開発を行いたい。
新事業活動の類型	経営革新の目標
計画の対象となる類型全てに丸印を付ける。 ①新商品の開発又は生産 2.新役務の開発又は提供 3.商品の新たな生産又は販売の方式の導入 4.役務の新たな提供の方式の導入その他の新たな事業活動	経営革新計画のテーマ：○○技術を利用した△△の開発

> 新たな取組のポイント及びその必要性について考慮して記載してください。

経営革新の内容及び既存事業との相違点
　当社は、○○年に設立した企業であり、これまで親企業からの発注に応じて、○○商品を生産していた。以前から、商品の耐久性、安全性の面では好評価を博していたが、最近の景気の状態を見ると、今後の先行に不安があり、これまでの受注生産から脱却する必要性を感じている。
　そこで、これまでに培った○○技術をベースに外部専門家との共同開発を行って、まだ市場に出回っていない、新商品△△を開発することとする。

	経営の向上の程度を示す指標	現　状（千円）	計画終了時の目標伸び率（計画期間）(%)
1	付加価値額	623,824	34.3 （20年4月〜23年3月（3年計画））
2	一人当たりの付加価値額	5,425	25.6
3	経常利益	69,070	20.2

> 計画の年数（3〜5年）と付加価値額又は一人当たりの付加価値額の伸び率と経常利益の伸び率を記入してください。

出所：中小企業庁「今すぐやる経営革新」

(別表2) 実施計画と実績

> 「1-1」は1年目の計画の第1四半期を表します。
> 「2-4」は2年目の第4四半期を表します。

> 実績欄は申請段階では記載する必要はありません。

番号	計画				実績		
	実施項目	評価基準	評価頻度	実施時期	実施状況	効果	対策
1	安全で効率的な生産方式の開発	安全委員会の評価	毎月	1-1			
1-1	○○部分の安全な△△方法の開発	製造原価	1年	1-3			
1-2	効率的な○○××装置の開発	製造原価	1年	2-1			
2	○○商品の新規開拓営業体制の確立	○○商品の売上	毎週	2-2			
2-1	マネージャーと担当営業の2名専任体制の確立						
2-2	○○商品を切り口に新規開拓した顧客に対する他の印刷物提案営業活動	新規顧客の売上	毎月	2-4			
3	次期バージョンの新○○商品の開発	新商品の売上		3-1			
3-1	○○××装置の開発	製造原価	1年	3-2			
3-2	○○××装置を利用した○×商品の新規開拓営業体制の確立	○×商品の売上	毎週	3-3			

> 実施する事業項目を記載してください。特許の取得を計画に盛り込んでおられる方は、「特許の取得」、「○○の技術開発」等の言葉を入れてください。

出所：中小企業庁「今すぐやる経営革新」

(別表3) 経営計画及び資金計画

参加中小企業者名 ＿＿＿＿＿＿＿＿＿

> 組合の場合又はグループの場合は、参加する構成員毎に別表3を作成してください。

(単位　千円)

		2年前 (19年3月期)	1年前 (20年3月期)	直近期末 (21年3月期)	1年後 (22年3月期)	2年後 (23年3月期)	3年後 (24年3月期)	4年後 (25年3月期)	5年後 (26年3月期)
①売上高		2,444,210	2,570,008	2,412,047	2,500,000	2,700,000	3,000,000		
②売上原価		1,903,218	1,924,208	1,837,606	1,915,000	2,000,000	2,203,000		
③売上総利益 (①-②)		540,992	645,800	574,441	585,000	700,000	797,000		
④販売費及び 一般管理費		515,141	518,730	504,371	520,000	627,000	712,000		
⑤営業利益		25,851	127,070	70,070	65,000	73,000	85,000		
⑥営業外費用		1,500	1,200	1,000	2,500	3,000	2,000		
⑦経常利益 (⑤-⑥)		24,351	125,870	69,070	62,500	70,000	83,000		
⑧人件費		550,600	533,506	504,870	530,000	600,000	700,000		
⑨設備投資額		38,743	26,202	3,452	160,000	25,000	40,000		
⑩運転資金		48,800	51,400	48,200	50,000	50,000	60,000		
	普通償却額	60,904	58,497	48,884	45,000	44,000	43,000		
	特別償却額	0	0	0	40,000	6,000	10,000		
⑪減価償却費		60,904	58,497	48,884	85,000	50,000	53,000		
⑫付加価値額 (⑤+⑧+⑪)		637,355	719,073	623,824	680,000	723,000	838,000		
⑬従業員数		123	115	115	118	123	123		
⑭一人当たりの 付加価値額(⑫÷⑬)		5,182	6,253	5,425	5,763	5,878	6,813		
⑮資金調達額 (⑨+⑩)	政府系金融 機関借入	—	—	—	200,000	30,000	0		
	民間金融 機関借入	—	—	—	0	20,000	30,000		
	自己資金	—	—	—	10,000	25,000	70,000		
	その他	—	—	—	0	0	0		
	合計	—	—	—	210,000	75,000	100,000		

出所：中小企業庁「今すぐやる経営革新」

1）質問内容
- a．既存事業と新規事業の内容を質問する。質問に答えるには，社長，統括責任者が参加したほうがよい。決して担当者任せやコンサルタント任せにしてはいけない。
- b．1社当たり2回程度，申請窓口に行くことが一般的であるが，申請内容によっては，もう少し回数が増える場合もある。

③ 審査会

申請書が提出され，受理されると都の審査会において，申請内容の承認，不承認の審査が行われる。ただし，内容に疑義がある場合は，翌月に再審査となる。

なお，不承認は新事業活動促進法の要件に該当しないことを意味するもので，事業そのものを否定するものではないことに留意する必要がある。

④ 結果の通知

結果については，都の経営支援課より通知される。結果が不承認であっても，その理由を聞き，事業のあり方を再検討後，再提出することも可能である。諦めないでチャレンジしてほしいものである。

（6） 経営革新計画承認の本質は計画を実現することにある

① 計画を立てて終わりではない

経営革新計画を立てることに精力を使い果たし，承認を得たら終わった気分になる企業は少なくない。これは本制度の目的を正しく理解しているとはいえない。制度の本質は計画に基づいた数値目標を達成し，利益を上げ，雇用や納税をもって社会貢献してもらうことにある。

② 計画を立てるのに社長の思い入れと従業員のやる気を引き出す

計画には社長の魂が入っていなければならない。どれほどの思い入れをもって作成するかは実行段階で大きく影響してくるものである。

③ 計画を実現したらみんなで祝おう

計画は社長の思い入れと社員の達成しようとする意欲によって実現される。計画が実現したら，臨時ボーナスや達成大会等で次期計画のための意欲を高めよう。また東京都が行っている優秀賞に応募してみんなで表彰されるよう盛り上げることも大切だ。

2 経営革新計画フォローアップと東京都の表彰制度への応募

経営革新の承認後，その実施状況をアンケート調査し，次のようなフォローアップがなされる。

（1） フォローアップの目的は経営革新計画の円滑な推進にある

経営革新計画フォローアップの目的は，①経営革新計画承認企業に対して，東京都等がアンケート調査（図表序－2参照）を実施し，②回答のあった企業のうちフォローアップを希望する企業に赴き，③経営相談・事業相談を行うことにより，④経営革新計画の円滑な推進が行えることにある。

（2） 専門家を派遣するフォローアップの事業はこのようなものだ

東京都等が承認企業から，提供されたフォローアップ希望企業に対して，中小企業診断士が訪問してヒアリング調査を実施し，経営分析等を行い，企業に助言指導を実施する。

① 企業の現状・経営革新計画の実施状況・経営上の改善点・企業の希望相談に応じたアドバイスを実施し，報告書を作成する。
② 報告書は，事例集の作成ができるよう図表序－2の調査項目を含む内容であること。ただし，企業側の意向により，公開したくない項目については，その限りでない。
③ 実施フォローアップは，実施開始翌年度に行うもので，1企業について原則1回とするが，企業の希望・事例作成のために必要でやむを得な

図表序－2　フォローアップ調査票①

FAX送信先：03-5388-1465、東京都　産業労働局　商工部　経営支援課行
別紙1

承認後2年以上計画終了前の企業（組合等を含む）の皆様へ

経営革新計画フォローアップ調査票

　本調査は、中小企業新事業活動促進法に基づく経営革新計画の承認企業（組合等を含む）の経営の実態をフォローアップし、今後の指導・助言、今後の支援のあり方について検討するための資料とすることを目的としています。また、この調査を基に、東京都は経営や円滑な計画推進がなされるよう委託した中小企業診断士の方を派遣し、経営革新事例集の作成を計画しております。
　ご多用のところ、大変恐縮ですが7月20日までに本用紙2枚にご記入の上、FAXにて御回答いただきたくお願いいたします。
　貴社が承認を受けた経営革新計画をお手元に、代表者の方がご記入くださるようにお願いいたします。

企業名・回答者	
所在地・TEL	
経営革新計画のテーマ	
業　　種	
創業年月（西暦で記入）	年　　　　月
資　本　金	百万円
計画承認日	平成　　年　　月　　日
計画期間	平成　年　月　～　平成　年　月

1．経営革新の目標の達成状況について
　申請書別表1の経営革新の目標と成果（申請書の経営革新の目標とこれまでの成果を具体的にポイントを絞って記入してください。）

申請時の目標	これまでの成果

2．経営計画及び資金計画の状況について
　以下の表に直近決算期の当初計画値と実績値をご記入ください。
　直近決算期：平成　　　年　　　月

	売上高	売上原価	売上総利益	販売費及び一般管理費	営業利益	営業外費用	経常利益	従業員数
計画								
実績								

フォローアップ調査票②

FAX送信先：03-5388-1465、東京都　産業労働局　商工部　経営支援課行

3. 活用した支援策について
「希望していたが活用できなかった」、「希望通り活用した」、「当初希望していなかったが活用した」等、以下にご記入ください。

4. 今後、実施項目（申請書別表2）及び付加価値額（申請書別表3）が計画通り達成できますか。該当するものに〇印をつけてください。
   ・実施項目
   　a．計画通りできる。　　（理由　　　　　　　　　　　　　　　　　　　）
   　b．計画通りできない。　（理由　　　　　　　　　　　　　　　　　　　）
   ・付加価値額
   　a．計画通り伸びる。　　（理由　　　　　　　　　　　　　　　　　　　）
   　b．計画通りではないが伸びる。
   　　　　　　　　　　　　（理由　　　　　　　　　　　　　　　　　　　）
   　c．計画通り伸びない。　（理由　　　　　　　　　　　　　　　　　　　）

5. 計画達成・付加価値額向上に向けて、第三者の意見として中小企業診断士の派遣をご希望されますか。※原則1社1回：無料です。
   ご希望される場合、どのような内容について相談したいかについて簡単にご記入ください。派遣をご希望される場合、東京都の発行する事例集に掲載される場合もあります。

ただし、予算等の都合によりすべての企業様に派遣できない場合もございますので、予めご了承ください。

6. 経営革新施策について改善すべき点があればご記入下さい。

ご協力ありがとうございました。

担：東京都　産業労働局　商工部　経営支援課
　　TEL：03-5320-4781、FAX：03-5388-1465

い場合は，この限りでない。
④　終了時フォローアップは，経営革新終了後にPDCAサイクルの定着などを支援するために行われる事業で，中小企業診断士等が派遣される。

(3)　事例集の作成および秘密義務
①　事例集の原稿を作成する
現地ヒアリングを実施した企業の中から選定し，事例作成のための原稿が作成される。
②　個人情報の保護・秘密の保持
フォローアップを実践する中小企業診断士等は，実施に伴い知り得た秘密を他人に漏らしてはいけないのは当然で，企業の秘密保持がなされるようになっている。

(4)　フォローアップ調査の結果
フォローアップ調査がなされ，公開の希望があった企業に対して「中小企業経営革新計画事例集」に掲載され，一般に公開される。

優秀賞表彰式の講評風景

（5） 優秀企業には優秀賞の表彰がされる

　東京都の独自の施策で，経営革新計画終了を控えた（終了時までの期間が1年未満）企業を対象として，経営革新計画の実施状況，実現までの創意工夫や経営指標などを審査し，他の中小企業の模範となる企業を表彰するもので，例年6月～8月に募集し，東京ビッグサイトで開催される「産業交流展」の会場で表彰される。

3　企業・事業ソリューションはこのように進める

　経営革新計画承認では，これから述べることを義務づけているわけではない。しかし，計画を実現する具体的な裏付けのある内容にするには，次のことが必要と思われる。

（1）　事業デューデリジェンス（DD）で企業の体力精密検査

　自社の事業内容を直視し，どこに問題があるかを共通認識するためには重要なことである。デューデリジェンス（以下DDと略す）とは実体調査のことである。財務の視点でDDをやることは当然であるが，それだけでは片手落ちである。事業の面からどれだけDDを行い，企業の問題点，課題点を具体的に抽出することができるかがポイントとなる。

　DDには，財務DDと事業DDがあるが，ここでは事業の面について述べることにする。

（2）　このデューデリジェンスの進め方で処方箋が決まる

　DDの進め方で，外部環境の機会・脅威と，内部環境の強み・弱みを抽出し，成功要因を導き出すクロスSWOT分析が第一段階である。それから新事業ドメイン，コアコンピタンス，マネジメント要件，革新による具体的期待効果を記した図表序－3のようなIT経営革新戦略ビジョンを示して，社

図表序－3　IT経営革新戦略ビジョン（Ver. 7）

員全員で共通認識して推進することがより効果的である。

（3） 業務のAs-Isモデルで問題点・課題点の具体的指摘

As-Is（アズイズ）モデルとは現状業務を具体的に示したものをいう。たとえば図表序－4のような表示がこれに相当する。

（4） 業務のTo-Be（革新）モデルで解決案を出す

図表序－4のようにAs-Isモデルで問題点・課題点の指摘をしたものに対して，To-Beモデル（図表序－5）では，具体的な解決策を示したものである。

（5） To-Be（革新）モデルは情報システムと統合する

問題点・課題点の指摘をAs-Isモデルで示し，その解決策としてTo-Beモ

図表序－4 現状店舗受付・工場業務フロー（As-Is モデル）

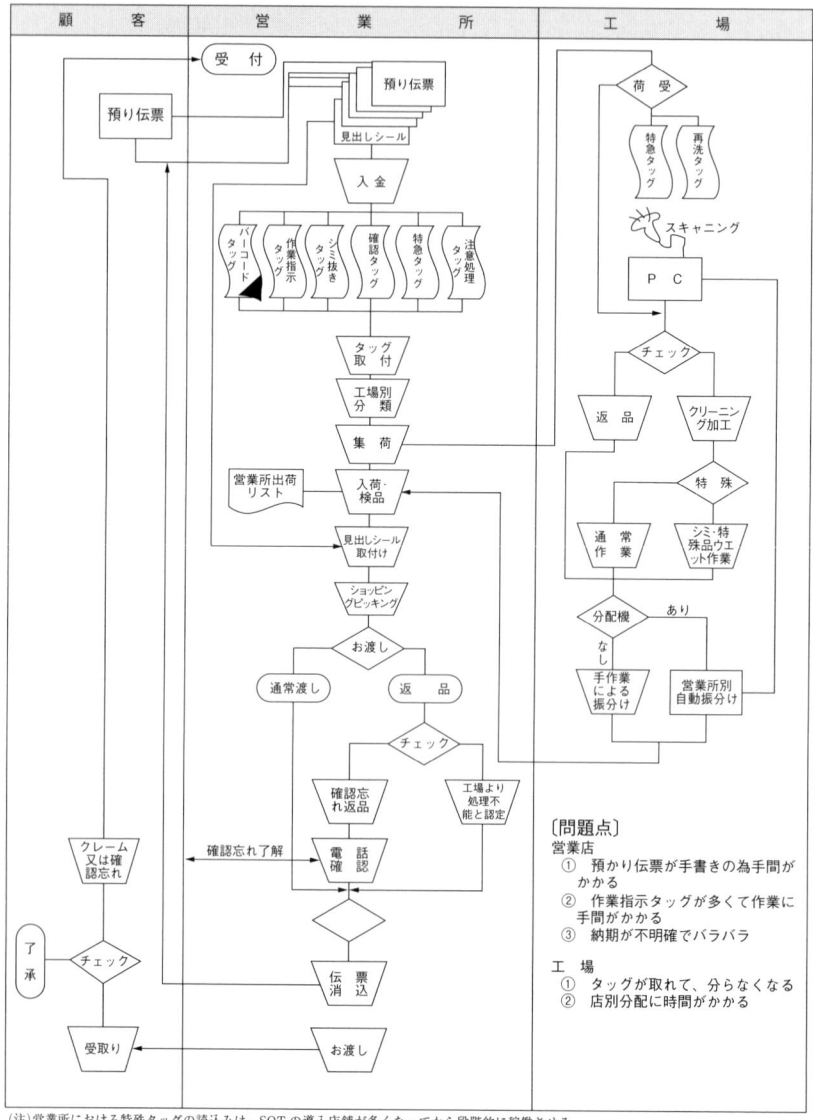

図表序－5　革新店舗受付・工場業務フロー（To-Be モデル）

序章　経営革新計画の承認と効果ある進め方

デルで説明した。しかし，現状の問題点，課題点の指摘と，解決案を示す場合には，業務系とIT系が一緒になって（統合化）表示されなければならない。

多くの場合，ITを使う場合も多いが，ITと業務が統合されて表示することによって，全員がわかりやすく共有できることになる。図表序－4や図表序－5は統合化された実際のモデルである。

4 事業期待効果と実現可能性を確認する

経営革新計画承認の数値目標は図表序－1に示した。この場合注意しなければならないことは，この数値を単にエクセルソフトで計算して算出したような数字合わせではいけない。社長の思い入れや，やる気が込められた計画書でなければならない。そのような魂の入った計画書にするためにはどのようにすればよいのであろうか。

（1） 期待効果の算出方法はこうする

ここで大切なことは，付加価値額又は1人当たり付加価値額，または経常利益の伸び率で逆算されて計算すべきものではない。各種の経営革新効果の諸明細を集計した結果が数値目標を達成されるものでなければならない。その具体的な算出手法を説明する。

① ABC（Activity Based Costing：活動基準原価計算方式）手法

一般的に業務プロセスや活動基準別に原価計算を行い，現状のコストと革新後の比較コストを想定して算出する方法である。

この方法は，最も期待効果根拠が明確で，推薦できる手法である。この方式は種々の間接コストを発生の原因に即して，目的対象に割り振る過程を取り扱う。目的対象は用途に応じて設定することができ，仮にマーケット別コスト分析の場合には個別のマーケットが目的対象になり，また取引先別コス

ト分析では各取引先が目的対象としてコスト計算を行うことができるのである。

　この手法の具体的なやり方を知りたい方は『日本型 ECR・QR の具体策と成功事例』（小林勇治編著・経営情報出版社）を参照していただきたい。

　②　KPI（Key Performance Indicator：経過目標）手法

　業績や効果などを表す先行指標のことで，売上・値入率・粗利率・在庫回転率等を定量的に把握する方法である。

　この手法は全社挙げての目標値にする場合等は有効であるが，期待効果が希望的数値として取り扱われる危険性を有している。

　③　ベンチマーキング手法

　同業の競合企業や，優れた企業の業績指標を参考に，現状の自社コストと革新後コストを比較して期待効果を測定する方法である。

　この方法は，自社の目標値としては活用できるが，実現可能性とその根拠が薄い欠点がある。

　④　バランススコアカード手法

　「財務」「顧客」「社内業務プロセス」「従業員の学習と成長」の４つの視点で現状を指標化し，目標とする指標の設定を行い，その差を期待効果とする手法である。

　この手法も目標とする指標としては有効であるが，目標の裏付けや実現可能性をしっかり作らない面が注意すべきところである。

　⑤　ROI（Return On Investment：投下資本利益率）手法

　ROI は「利益÷投資」で計算される数値で，投資効果をみるための一般的な呼び方である。現状の利益は把握できるが，期待効果に対しては，上記①〜④のいずれかの手法を併用することをお勧めしたい。

（２）　期待効果が実現できるかどうかは算出方法の計算根拠にある

　前述したように，期待効果が実現できるか否かは算出方法の計算根拠にあ

図表序－6　期待効果の算出例

（経営革新期待効果：KPI：4,047.5万円）

項目＼ステップ	企業再生の内容	実施期間	現状コスト	再生後コスト	期待効果	投資金額
第1ステップ	得意先レンタル品に対する減耗 （レンタル80,500万円）	H.19	5.96% 4,800万円	5.4% 4,346万円	454万円	
第2ステップ	自社倉庫における減耗 （レンタル80,500万円）	H.19	2% 1,610万円	0.2% 161万円	1,449万円	
第3ステップ	入出庫業務・売掛・買掛チェック 852H×1,200円×12ケ月＝1,226万円		1,226万円	144万円	1,082万円	
第4ステップ	経理転記・まとめ・集計等 74H×1,200円×12ケ月＝		106.5万円	───	106.5万円	
第5ステップ	業務入出庫台帳等省力化 848H×1,200円×12ケ月		1,077万円	121万円	956万円	
合計			8,819.5万円	4,772万円	4,047.5万円	

る。この根拠の信憑性があるかないかがすべてになる。

　図表序－6は経営革新とIT投資を合わせた期待効果を算出した一例である。この表には書ききれなかったが，この計算根拠も細かく示されているのである。

（3）　目標は高からず低からず

　図表序－6は期待効果を一つひとつ積み上げた結果であるが，この目標は少し高いようにみえるが，そのまま実行され，実現しているのである。経営革新計画承認を得ようとすると，承認のための数値目標が中心になりがちである。目標額は，企業の状況や実力に合わせて，高からず低すぎないことが大切である。

（4）　実現可能性チェックは第三者の視点で行う

　経営革新計画の実現可能性チェックは，社長の単なる希望的数値であったり，予測であってはならない。そこで第三者の視点で冷静に判断してもらおうというのが経営革新審査の目的の一つでもある。ここで受ける問題点の指

摘や修正要請は，必ず企業先にとって示唆に富むものと思われる。

　ここでの問題点の指摘や修正要請は，経営革新計画の内容をより充実させるためのものと思って，前向きに検討していただきたいものである。

5　経営革新を実現し中小企業利益向上による社会貢献をしよう

　経営革新計画を実現することによって，自社の経常利益を上げ納税額を多くし，雇用を増やし，地域社会への貢献をしなければならないであろう。

　ここでいう社会貢献について私見を述べてみたい。

（1）　自社の利益向上を図る

　まず経営革新計画を確実に実現して，自社の利益改善がなされなければならない。新商品の販売や，新サービスの提供や販路開拓だけでなく，結果としての利益を出さなければならない。

　利益を出さないと，経営革新のための新規投資も制約されることになる。投資をすることによって，新たな利益を生むことになることをよく理解しておく必要がある。したがって，企業は利益を出し続ける必要があるのである。

（2）　従業員の雇用確保

　経営革新計画で，付加価値額や1人当たりの付加価値額を数値目標としている。付加価値額を増やすことによって，雇用の確保や，1人当たりの付加価値額を増やして，従業員への配分を増やせる余力をみているともいえる。利益改善によって，企業が発展すれば，1人当たり付加価値額も伸びることとなり，従業員の雇用確保は自然と多くなるのである。

（3）　ステークホルダーへの責任

　大抵の企業は調達先・仕入れ先から債務を負っている場合も多い。株主も

含め利害関係者に対して，安心感・信頼感を得られるものでなければならない。その意味においても経営革新計画は，財務内容・業務内容の両面において審査されるので，ステークホルダーに対する企業内容の公開・革新の度合いの報告によって責任を果たすことにもなる。

（4） 金融機関への返済金の実現

一番利害関係者となる場合が多いのが金融機関である。金融機関に対する説明責任は重いものがある。返済の見通しや業績の予測等を適宜に報告しておくことが関係を高めることになる。

経営革新計画は，金融機関に対する返済計画・抜本的な実現計画として最も説得力のある資料となるであろう。

（5） 利益を上げて納税を行うことは社会貢献につながる

自社の利益を高め，取引先，金融機関，従業員に対する責任を果たすとともに，地域社会やお客様に対する奉仕も忘れてはならない一面であろう。

ともすれば自社の利益のみを追求することになりがちであるが，企業が活動していくためには地域社会を中心とした外部環境のおかげで成り立っていることを忘れてはならない。

第1章

経営革新計画承認で躍進している製造業の事例

1　高品質・低コスト「消音装置」で躍進するアルパテック㈱

（1）　消音技術の高いアルパテック㈱とは？

「経営革新計画に全社員で取り組むことによって，社員一人ひとりが会社の組織の一員であると同時に，会社の経営に関わっているという自覚が芽生えた」と，経営革新の取組み成果を熱く語られたのは，アルパテック株式会社の小坂社長である。当社は，消音装置の技術力で高い評価を得ており，大企業から直接，商品開発の依頼も受けている。

小坂輝雄社長

【企業名】 アルパテック株式会社	【代表取締役社長】 小坂輝雄
【設立】平成4（1992）年4月10日 【資本金】3,000万円　【従業員】10名 【本社所在地】東京都港区芝2-3-3 　　　　　　　芝二丁目大門ビル 【TEL】03-5443-2448 【FAX】03-5443-2447 【URL】http://www.alpt.co.jp/ 【業務内容】消音のエンジニアリング 　　　　　　騒音防止・消音装置の開 　　　　　　発・設計製作	 本社はこのビルの4Fに入居

（2）　大型物件受注がきっかけとなった経営革新計画の取組み

平成18（2006）年に，大手プラントメーカーからの大型物件の引き合いと受注が具体化し，資金調達が必要となったことが経営革新に取り組むきっかけとなった。顧問税理士から，経営革新計画の承認を受ければ，低利融資が

受けやすくなるとのアドバイスがあった。そこで、経営革新計画の社内勉強会を開催し、小坂社長ご自身でたたき台を作り、社員の意見も取り入れながら試行錯誤を繰り返して計画書を作成した結果、平成19（2007）年2月に、東京都の承認を得られた。

（3）　経営革新計画の内容と立案にあたっての取組み

経営革新計画での経営目標は、「高品質・低コスト消音装置の製品化」であり、その具体的な内容と取組みは、以下のとおりである。

①　経営革新の内容

1）ガスタービン吸気消音装置の製品化

電力需要に効率よく対応できるガスタービン発電は、ジェットエンジンを大型化した構造で、非常に大きな騒音が発生する。この騒音を、保守要員が許容できるレベルまで低減する、小型の消音装置を低コストで製品化する。

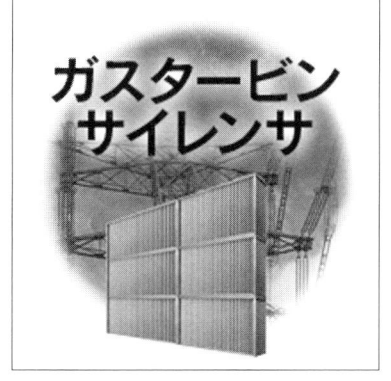

2）過給機吸込サイレンサの製品化

船舶用大型ディーゼルエンジンの過給機は、大風量・高圧力の空気をエンジンに送り込むため、主に高周波による140dBA（デシベルエー）以上の騒音が発生する。この騒音を、エンジン音の100dBAまで低減する、コンパクトな構造で軽量、かつ低コストな消音装置を製品化する。

3）トンネル換気設備消音装置の製品化

トンネル内の換気用に大型送風機が取り付けられているが，大きな騒音が発生する。この騒音を自治体が定める許容レベルまで低減する丸型消音装置のエレメントの連結金具を製品化し，現場での据え付けの施工時間を短縮し，コスト低減を実現する。

② 計画立案にあたっての取組み

1）社内勉強会の開催

経営革新計画作成にあたっては，都庁にある手引書『今すぐやる経営革新』を入手し，小坂社長が中心となって勉強会を行った。そして，会社の現状と課題の明確化を図った。

2）研修の実施

経営革新計画の立案と実行の必要性を理解してもらうため，小坂社長が作成した経営方針・計画のたたき台や，各自で作成した自社および自分の強みと弱み等をもとに，会社のあるべき姿の意見交換をし，理解を深めた。

研修の様子

③ 計画作成にあたり苦労した点

一番苦労したのは，5年先までの経営計画を立案することであった。計画書作成当時は，1～2年先の見込みを予想することが精いっぱいの状況であったので，先行き見込みを把握するための新たな取組みが必要となった。そこで，今後の見込み物件を把握するため，以下の作業を行った。

1）顧客からの物件情報収集の強化

2）新聞・インターネットから，公共物件の計画情報の収集

3）各物件の売上・利益率予想
4）各物件の受注確率の推定とランク付け
5）受注確率50％以上の物件の年度毎の仕分け
6）経営計画の売上・利益目標として数値化

これらに社員全員で取り組み，大変な労力と時間がかかったが，精度の高い経営計画を立案でき，結果として，年次目標を達成することにつながった。現在も，営業グループがこの作業手順で売上予想を立案している。

（4） 経営革新計画達成に向けての取組み

① 製品化に向けて

研究開発グループが，独自の開発ノウハウを生かし，ガスタービン吸気消音装置，過給機吸込サイレンサ，トンネル換気設備消音装置のいずれも，当初の計画どおり高品質で，かつ低コストでの製品化に成功した。

② 売上・利益計画の達成に向けて

全社員が一丸となって，目標達成のために努力した。具体的には，
1）計画書の年次売上高を，年度目標にし，営業グループを中心に詳細な受注計画を立て，達成に向け全員で物件を分担し営業活動を行った。
2）計画書の年次売上総利益を達成するため，技術グループは原価管理を，工場・施工グループは品質管理を担当し，物件毎の利益管理をした。

③ 支援策の活用

年間4,000万円の運転資金のために，政府系金融機関から低利融資を受けられた。また，特許関係料金の減免，同族会社としての留保金課税の停止措置による税率の低減等の恩恵を受けることができた。

④ 東京都からの表彰

計画内容とその達成に向けての取組み，そして成果が評価され，東京都の「平成22年度東京都経営革新奨励賞」を受賞することができた。

平成22年度 東京都経営革新優秀賞表彰式　　　　展示ブース

(5)　経営革新計画の実践による業績の推移

　売上高と売上総利益の推移は，図表1-1，1-2のとおりである。売上高は，大量受注をした年は社員が納材業務に追われ，営業活動が手薄となり，その翌年分の受注量が減少するため，反動による上下動はあるが，申請時から大きく伸ばしている。また，売上総利益も右肩上がりの基調であり，確実に業績がアップしてきている。

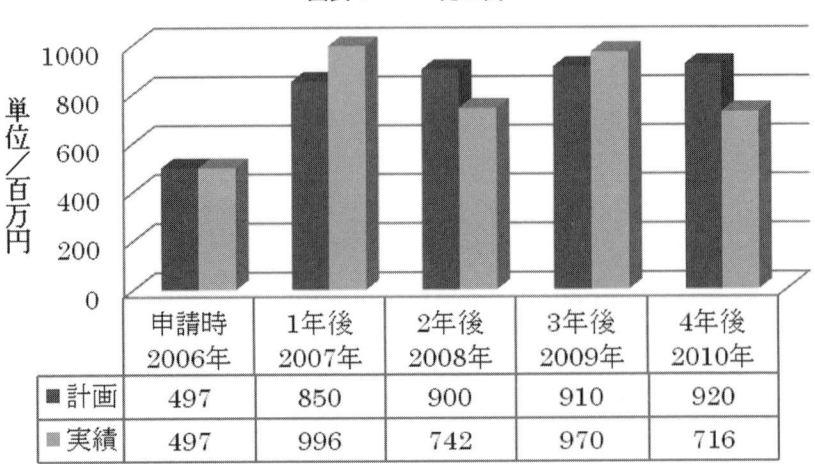

図表1-1　売上高

	申請時 2006年	1年後 2007年	2年後 2008年	3年後 2009年	4年後 2010年
■計画	497	850	900	910	920
■実績	497	996	742	970	716

単位／百万円

図表1−2　売上総利益

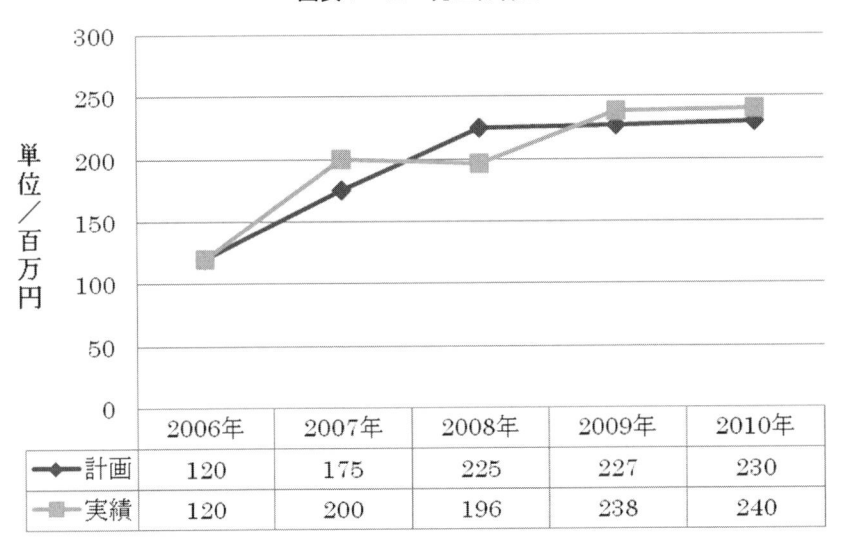

	2006年	2007年	2008年	2009年	2010年
◆ 計画	120	175	225	227	230
■ 実績	120	200	196	238	240

単位／百万円

　小坂社長によれば，更なる成長を目指して，2度目の経営革新計画にチャレンジする準備を現在進めているとのことである。

2 消火設備用鋼管加工の内製化とモジュール化で躍進する ㈱ニチボウ

（１）トータル防災ソリューションを考える㈱ニチボウとは？

「わが社は，小さくて強い会社を目指します」と語るのは，株式会社ニチボウの谷口社長である。意味合いは，「スピード感・小回り・早いジャッジにより，コンスタントな売上・健全な利益を上げ，絶対的な品質とコストの商品を提供し，仕事が面白く社会貢献のできる会社でありたい」とのことである。

谷口健児社長

当社は，①防災設備開発・設計・施工・メンテナンス，②防災コンサルティング，③建築設備定期調査，④危険物気密漏洩試験，⑤給排水設備点検・整備，⑥架橋ポリエチレン管・鋼管プレハブ加工等，防災関連を業務としている。

【企業名】　株式会社ニチボウ	【代表取締役社長】　谷口健児

【設立】昭和53（1978）年7月1日
【資本金】6,800万円　【従業員】146名
【本社所在地】東京都品川区東五反田1-9-5
【TEL】03-3444-6241
【FAX】03-3444-3061
【加工・資材センター所在地】
　千葉県八街市東吉田840-1
【TEL】043-444-5001
【FAX】043-444-5022
【URL】http://www.nitibou.co.jp/
【業務内容】防災全般（プラン・施工・保守）

本社ビル

(2) 低金利の借入れ情報として知った経営革新計画

当社は千葉県八街市の加工・資材センター内に鋼管プレハブ工場を建設し，鋼管のモジュール化プレハブ工法導入を計画していた。そんな折，平成20（2008）年11月に日本政策金融公庫から低金利の借入れ情報があり，それが経営革新計画を知るきっかけとなった。そこで，政策金融公庫の担当者にも協力してもらい，計画書を作成した結果，平成21（2009）年1月に東京都の承認を得られた。そして，政策金融公庫から低金利での借入れをすることができた。

(3) 経営革新計画による流通構造とコスト構造の変革

① 経営革新計画のテーマ

「消火設備用の鋼管加工の内製化とモジュール化」

② 戦略方向

消火設備工事の市場競争力を高めるため，他社と差別化したビジネスモデルで徹底的なコストダウンを図る。具体的には，現場で加工・取付けする「従来工法」や，物件毎の配管施工図をもとに工場で事前加工する「プレハブ工法」とは差別化し，配管材料の基準寸法と継ぎ手の組み合わせで標準品として規格化した「モジュール化プレハブ工法」を導入する。

③ 流通構造の変革

自社の加工・資材センターで，材料1次商社と直接取引し，海外から安価な材料を直接調達し，鋼管の加工の内製化を行い，自社で施工管理することにより商流の短絡化を図り，流通構造の変革を実現する（図表1－3参照）。

④ コスト構造の変革

前述のような，材料1次商社や海外品の直接の調達，プレハブ加工の内製化といった商流の短絡化だけでなく，当社の工場で鋼管のモジュール化とプレハブ加工を行い，建築現場作業の大幅な軽減を図る。そして，この新工法により，現場で加工をしていた従来工法に比べて施工費を削減し，トータル

図表1-3　取引先と商流の見直し

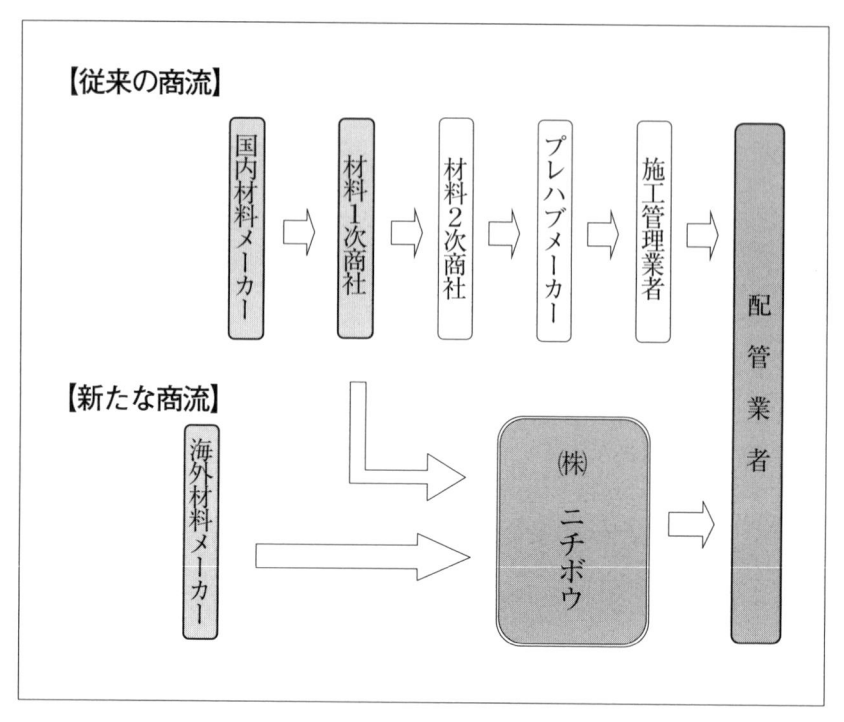

【従来の商流】
国内材料メーカー → 材料1次商社 → 材料2次商社 → プレハブメーカー → 施工管理業者 → 配管業者

【新たな商流】
海外材料メーカー → ㈱ニチボウ → 配管業者

で大幅なコストダウンを実現する（図表1-4参照）。

⑤　新工法「モジュール化プレハブ工法」のメリット

工場での鋼管のモジュール化，プレハブ加工の内製化は，従来工法に比べて，コストダウン以外にも次のようなメリットがある。

1）安全性の向上（建築現場での加工が減り，災害や火災のリスクが減少する）
2）環境への配慮（建築現場で廃材が出ない）
3）工期の短縮（先行生産により，短納期対応が可能となる）
4）品質の安定（工場生産により，一定の品質管理が行える）
5）履歴の記録（製品の工場生産記録が，保全に活用できる）
6）施工入場者の省人化（建築現場での安全管理が軽減される）

図表1－4　コスト構造比較

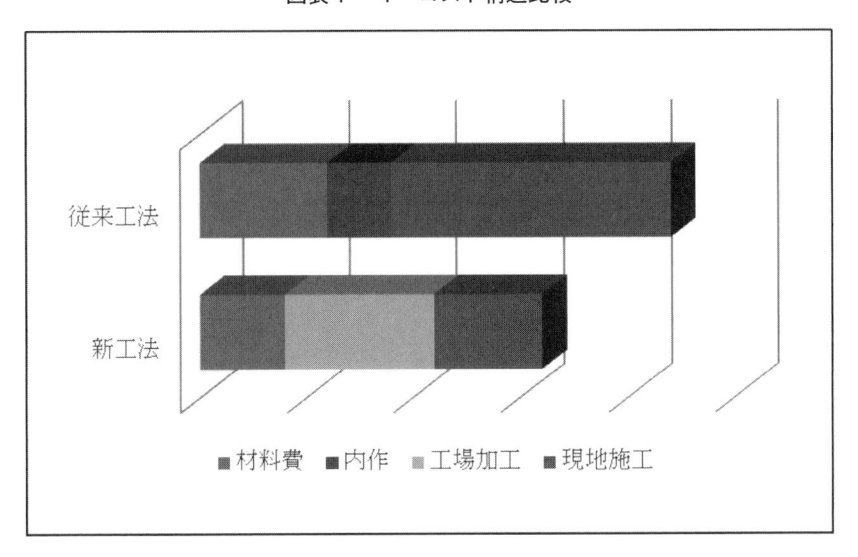

［グラフ：従来工法／新工法のコスト構造比較　■材料費　■内作　■工場加工　■現地施工］

(4)　会社の事業推進のための経営革新計画の実践
①　会社の事業全体の中での位置づけ
　当社が現在取り組んでいる各事業（製品・サービス）と市場特性との関係を整理すると，以下のようになる。
　「競争相手の市場を奪う」必要のある事業と，その差別化のポイントは，
　1）消火設備工事〔ポイントは，新たなビジネスモデルによるコスト競争力〕
　2）メンテナンス〔ポイントは，高品質のワンストップサービスの提供〕
　また「新たな市場を創る」必要のある事業と，その差別化のポイントは，
　3）特殊消火装置〔ポイントは，独自の商品の開発〕
　4）防災コンサルティング〔ポイントは，ユニークなビジネスモデル〕
　これらを図示すると図表1－5のようになる。今回の経営革新計画の「消火設備用の鋼管の内製化とモジュール化」を実践することで，「競争相手の市場を奪う」×「ハード（製品）」の位置づけである，「1）消火設備工事」

図表1-5　市場と（株）ニチボウの製品・サービスの関係

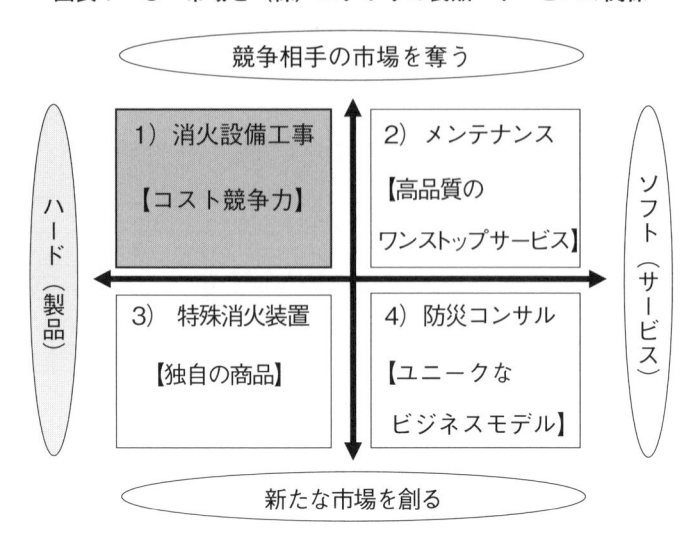

```
           競争相手の市場を奪う

    ┌─────────────┬─────────────┐
    │ 1) 消火設備工事 │ 2) メンテナンス │
ハ  │              │ 【高品質の     │ ソ
ー  │ 【コスト競争力】│  ワンストップ  │ フ
ド  │              │  サービス】    │ ト
（  ├─────────────┼─────────────┤ （
製  │ 3) 特殊消火装置 │ 4) 防災コンサル│ サ
品  │              │ 【ユニークな   │ ー
）  │ 【独自の商品】 │  ビジネスモデル】│ ビ
    │              │              │ ス
    └─────────────┴─────────────┘ ）

           新たな市場を創る
```

の一つのアイテムを具現化することに成功した。

② 東京都からの表彰

　事業推進のための経営革新計画の内容と取組み，および成果が評価され，「平成22年度東京都経営革新奨励賞」を受賞することができた。そして，第13回産業交流展の会場にて，東京都から表彰を受けた。

（5）　会社業績の推移

　業績は，リーマンショック後の環境変化や納材物件の増減により，多少の上下動はあるものの，右肩上がりの傾向を維持す

平成22年度 東京都経営革新奨励賞表彰式

図表1-6　業績の推移

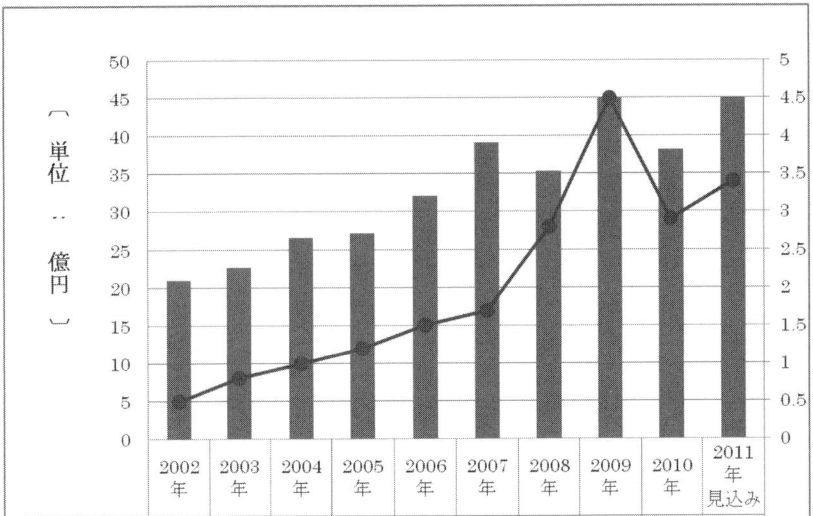

	2002年	2003年	2004年	2005年	2006年	2007年	2008年	2009年	2010年	2011年見込み
売上高	21	22.7	26.5	27.2	32.1	39.1	35.3	44.9	38.2	44.9
経常利益	0.5	0.8	1	1.2	1.5	1.7	2.8	4.5	2.9	3.4

（単位：億円）

ることができている（図表1-6参照）。

谷口社長は，「現場へ自ら行くことを忘れず，常に良い情報も悪い情報も上がるような仕組み・社風にしていきたい。内需型の仕事であり，厳しい環境ではあるが，『コンサルティングから，設計→製作→施工→メンテナンスまで一貫したサービスの提供』という自社の強みを，今後も生かしていきたい」と力強く語られた。独自の商品の開発力・技術力，差別化したビジネスモデルによる対応力・コスト競争力で，ますますの飛躍が期待される。

3 オートバイ用 HID ヘッドライトで躍進する (有) サイン・ハウス

(1) バイク乗りによるバイク乗りのための会社

有限会社サイン・ハウスは，HID ヘッドライト，ナビゲーションシステム，バッテリー，マフラー，インカムなど，自社ブランドを中心に，国内外の各種オートバイパーツを幅広く手掛けている。バイクマニアならサイン・ハウスを知らない人はおそらくいないだろう。どの製品もライダーの気持ちやニーズにしっかりと寄り添っている。社員全員が，"バイクが好き"という原動力がそれを実現させている。

サイン・ハウス開発製品＆取扱いブランド

① 白松イズム

サイン・ハウスの神髄はなんといっても同社代表である白松和豊氏が作り出す"白松イズム"である。サイン・ハウスを訪問して感じたのは，社員がとにかく生き生きと働いているということ。白松イズムとは，カリスマ的存在である白松社長が社員一人ひとりの創造性と意欲を常に刺激することに他ならない。同氏はそれを「引き出しを開く」と表現する。そしてその考え方を社内の人間だけでなく，社外の関係者，製品・市場にも活用していくのが

【企業名】 有限会社サイン・ハウス	【代表取締役社長】 白松和豊

【設立】昭和62（1987）年12月
【資本金】5,700万円
【従業員】正社員12名，契約スタッフ10名
【本社所在地】世田谷区奥沢6-19-21
【TEL】03-3702-5050
【FAX】03-3701-0700
【URL】http://www.bolt.co.jp/
【業務内容】バイク用品のマーケティング
およびブランディング

白松和豊社長

白松氏独自の経営手法なのだ。

② チャレンジ，経験，そして出会い

白松氏は大学卒業時に，好きなクルマの業界，特に自動車レースの最高峰を目指すことを決意。自動車専門学校を経て，とある名門レーシングチームの門を叩く。しかし，実経験がなかったためあっさり門前払いに。

だが白松氏はあきらめなかった。すぐに大手自動車ディーラーへ入社，1年の経験を積み，再びそのレーシングチームを訪れ，めでたく採用となった。憧れのレースの世界でチームの一員となったものの，レースの現場は過酷を極めた。シーズン中は毎日の睡眠時間が2時間。睡眠不足がたたって整備ミスやトラブルを招き，更なる睡眠不足に追い込まれる。結局，白松氏は数年身を置いたのち，限界を感じて，チームを去った。

続いて，自動車のレストアの世界へ。腕の良い白松氏には各方面からさまざまな声がかかり，そこで生まれた人のつながりが新たなフィールドを切り拓いていく。ある個人出資者との出会いが白松氏の人生を大きく変えた。もともとお金には興味はなかったが，人生をより多くの"好き"な時間の中で過ごして生きたいという考えに，一切のブレはなかった。

（2） 経営革新につながるヒント

① 我々は犬だから

　昭和62（1987）年にサイン・ハウス設立。当初，小さくて高い小物部品に目をつけ，チタン製ボルトやナット（ポジポリーニ社製）を扱っていた。しかし設立早々，この主力製品が売れない。今から考えれば，チタンボルトの価格設定が一本1万円と高すぎた。当然売上は伸び悩み，いきなり資金繰りもきつくなる。さらにバイクブームの低迷が追い打ちをかけた。

　だが，白松氏はこのときもあきらめなかった。同氏は"犬のしつけ"を自分の経験にたとえて考える。犬のしつけトレーニングはとにかく忍耐力と努力が必要だ。犬は何度も飼い主の命令を忘れ，そのたびに飼い主は辛抱強く教えなければならない。だがトレーニングを繰り返せばやがてできるようになり，身体で覚えていく。ビジネスも同じだ。白松氏は「今は忍耐と努力だ。売れなくてもあきらめずに売り続けよう」と話して社員たちを激励した。

　社長の決意は積極的な行動を促した。白松氏が大手2輪用品小売チェーンへのプレゼンテーションなど地道な営業活動を行ううちに，少しずつ市場に受け入れられていった。取引先は全国に拡大。最も多いときで取引先が400社を超え，それが現在の基盤となった。

② あえて困難にチャレンジする！

　ところが，売上はなんとか伸びてきたが，利益はほとんど出ていなかった。業務は忙しくなる一方なのに，粗利ベースで15％前後。販売管理費を差し引いたらほとんど手元には残らない。そこで今度は取引先を取引高の上位50社に絞ったが，待っていたのは大赤字への転落だった。そんな状況を何とか打開しようと，新製品の開発に賭けることになった。

　自社ブランドを手がける以外にバイクパーツの総合商社も兼ねていたことが幸いし，今オートバイ業界で何が売れているのか，これから何が求められていくのかといった市場ニーズの蓄積がここで生きる。白松氏がターゲットにしたのは，明るさ・安全さ・長寿命がウリであるHID（High Intensity

Discharge lamp）ヘッドライト。当時四輪自動車では一般的になりつつある商品であった。

「HIDをバイク用に作れないだろうか」と社長は社員たちに提案。しかし当時は，原付バイクへのHID搭載は難しいと言われていた。バッテリーの影響で，安定した電源供給が見込めなかったからだ。「技術的に無理」といったんは尻込みした社員に，白松氏は「難しいからこそ作りたいんだ！」とチャレンジスピリットを顕わにする。台湾や中国の部品製造会社を片っ端からあたった。安価ではあったが満足できる製品はなかった。だが，ついに希望どおりの製品を作れそうな企業と出会う。サイン・ハウスのWEBサイトを見たソーラム社から連絡があったのだ。電球・電気照明器具の開発を得意とする同社にバイク用部品の開発経験はなかったが，サイン・ハウス社員がソーラム社へすぐさま赴き，交渉。その結果，製品開発に協力してもらえることになり，原付バイク向けHIDの開発がスタートした。こうして日本初MADE in JAPANの「SYGN HOUSE & SOLAM HID」ブランドが誕生したのである。

（3） こうして経営革新が始まった

① ユーザーの声

経営革新計画のテーマは，「小型オートバイ用HIDヘッドライトバルブの

SOLAM HID

開発・販売」だ。HIDヘッドランプは，大きくメカトロニクスとバルブと呼ばれるパーツで構成され，通常はそれぞれ別のメーカーが生産している。そのため責任の所在が不明確で，返品率が50％に達することを卸売の経験で知っていたのだ。サイン・ハウスでは，これを一体化して生産することで，性能向上はもちろん，ユーザーの不満解消を目的とした製品開発，販売を行うことにしたのである。

その結果，国内メーカーならではの迅速できめ細かいアフターサービスで対応したことで，製品は瞬く間にシェアを伸ばした。

同社ではさらに，Bluetoothを使ったワイヤレス・インターコム（送受話器）"B＋COM"も開発。他社の従来品に比べて，最新型ICチップを活用することで，性能およびデザインを大幅に向上させたものだ。この製品もユーザーの心をつかみ大ヒットした。

（4） イノベーション・マインドが定着

経営革新計画の実施前と実施後では，売上高は6億円弱で大きな変化はない。しかし，一連の製品開発の成功で，粗利益率が劇的に改善され15％台から40％台へと大幅に上昇した。

現在は，東京本社で顧客の注文に対応し，愛知県小牧市の物流センターから製品を発送するという態勢をとる。物流だけでなく経理・リクルート・ITもアウトソーシング化することによって，企画・開発・デザイン・製造方法などブランド開発に集中できる。

さらに製品情報をすべてデータベースで管理し，近年導入したCMS（Contents Management System）によって一元化。カタログ，物流，量販店各社，販売管理，広告，プレスリリース，WEBブランディング，WEB直販ルートを一括で管理している。

とはいえ，経営革新をなしえた一番のポイントは，白松イズムによって引き出された社員一人ひとりの"イノベーション・マインド"に他ならない。

革新を推進するのは，結局は人材だ。オートバイが好きだという熱意，目標に向ってあきらめずに進む精神，成果へのこだわりといった意識が，経営革新の原動力となる。サイン・ハウスは，今後もバイク乗りによるバイク乗りのための会社として，ブランドの更なる確立を目指し，邁進し続けていくだろう。

4 家庭用進出で躍進を目指す鴨肉トップのコックフーズ（株）

（1） 輸入鴨肉の草分けコックフーズ

　コックフーズ株式会社が台湾から鴨肉原料の輸入を始めたのは昭和52（1977）年4月である。鄧小平が中国で経済の改革開放路線を決定したのは1978年12月だから、それより1年半近く前のことになる。

　開放以前、中国では貿易が制限されていて、特定のメーカーや友好商社だけが、年に2回の交易会に招かれ商談を行うことができた。北京ダックは日本でも昔から美味としてつとに知れ渡っており、交易会に参加した商社などの間では、鴨肉は儲かるのではないかという話も出ていたらしい。これらの商社とニチレイ勤務時代から親交があった上田社長がこの話を面白いと思い、当時、豚肉を輸入していた台湾から鴨肉を輸入したのが始まりである。

【企業名】コックフーズ株式会社
【代表取締役社長】上田幸男

【設立】昭和49（1974）年1月
【資本金】4,000万円　【従業員】86名
【本社所在地】東京都港区芝浦2-13-4
【TEL】03-3454-1762
【FAX】03-3798-8766
【URL】http://www.cook-foods.co.jp/
【業務内容】鴨肉の加工卸

陣頭指揮をとる上田幸男社長

　当初は、品質が悪く日本では売れなかった。しかし、北京種をベースにイギリスのチェリバレー社が開発した合鴨・チェリバレー種に出会ってから販売が軌道に乗り、やがては鴨一本でいこうと決断するまでに成長した。チェリバレー種の特徴はバルバリー種（フランス鴨と呼ばれる品種）より肉組織が緻密でコク味が強い点にあり、日本では広く日本料理用に流通するようになった。

（2） 当社設立の経緯

　当社は大阪岸和田に加工工場を保有し，営業所は東京，大阪をはじめ福岡，仙台に，このほか札幌，名古屋，松山に駐在所を置き，全国的な販売網を構築している。

　上田幸男社長は現在75歳。東京水産大学を卒業後ニチレイに入社し，冷凍食品の生産工場に配属されたが，4年ほどで畜産部門に回され，これがこの業界に入るきっかけになった。昭和48（1973）年，取引先であった（有）染谷（都内に10店舗の鳥肉店を経営）の大橋社長からブロイラー販売事業を行わないかと誘いを受けて，同社から資金提供してもらい，事業の運営は上田社長が行う形で翌年1月に当社設立の運びとなった（設立時は大橋社長・上田常務，昭和59（1984）年以降上田社長に）。以降38年間，現在に至るまで上田社長が経営を一手に行う今の体制が出来上がった。

　「趣味は仕事」と自ら言われるとおり，常に陣頭指揮で現在のコックフーズを作り上げた。もちろん，常に順風満帆であったわけではない。規模を広げすぎてリストラを余儀なくされたこともある。仕事に対して厳しい面がある一方，人一倍，人情家で部下思いの社長にとって，これは痛恨の想いだったと回顧する。

（3） 経営革新で家庭向けへマーケット拡大志向

　現在，わが国における鴨肉の年間国内消費量は100億円前後とみられ，牛肉・豚肉・鶏肉に比べ100分の1以下のニッチな市場である。このうち当社はトップメーカーでシェアは3割に達し他を大きく引き離し，「紅茶鴨」ブランドはつとに業務筋に有名である。

　鴨肉はコラーゲンや不飽和脂肪酸を多く含んでおり，健康食材としての価値は高いものの，高級食材の位置づけにあり価格も高いところから，あまり普及が進んでいないのが実情である。

　したがって，鴨肉は国内市場においては外食チェーン・ホテル・旅館等の

業務用が中心であり，一般家庭にはほとんど普及していない。

　当社の製品もほとんどが業務用として販売されており，仕入先の台湾や中国で冷凍し，半分は原料（生肉）で，半分は当社で開発した仕様に基づき現地で加工したものを輸入してきた。当社の特色は全国的な販売網にもあるが，何といっても最大の特色は製品の開発力にある。本社ならびに加工工場で開発し中国の仕入先にそれを提供，製品として仕上げたうえで輸入している。「競争他社は中国の工場から密かにそれを教えてもらい自社の製品としている」との噂もあるぐらいである。

　しかしながら今後，人口の減少が予想される国内の市場において，従来の製品を同じ市場に販売するだけでは事業の停滞は避けられない。そこで当社としては今まで手掛けてこなかった家庭向けにも注力し，鴨肉市場の拡大を図ることにし，経営革新の申請を決意し5年計画で販売促進することにしたわけである。

チルド（ノンフローズン）商品例

　家庭向けに販売するとなれば，第一に販売ルートが違ってくる。従来の業務向けは各地にある食品卸やハム・ソーセージメーカーなどを通して，また家庭向けはスーパーなどの量販店ルートを通して販売することとなる。このため専任のスタッフを充てこれに挑戦することにした。

　もう一つの解決すべき問題は，従来の冷凍品では料理をするのに解凍が必

要になるため家庭では面倒であり，チルド（ノンフローズン）の方法を開拓する必要がある。鴨肉加工品でこの方法に取り組んだ企業は今までになかったが，当社の蓄積した技術で挑戦することにした。

中国仕入先の風景：（上左）加熱加工工場，（上中）第三冷蔵工場，（上右）屠殺場，（中左）養殖場，（中中）事務所，（中右）孵化場，（下左）親鳥場，（下中）第二飼料場，（下右）化学検査室

（4）　思わぬ障害に直面して

経営革新計画策定後まだ1年も経っていない中で予想もしなかったことが次々と起こった。平成23（2011）年3月11日に起こった東日本大震災と福島原子力発電所の事故は何といっても千年に一度の大災害であったし，それに起因した円高も予想外であった。

一方，当社についていえば，かつて台湾より原料（生肉）がわが国に毎年3～5千トン輸入され，そのうち当社が2千トン近くを扱っていたが，平成

22（2010）年1月から，たびたび鳥インフルエンザが発生しており，現在，台湾からの輸入は禁止されている。当社の仕入れは中国産の加工品だけになった。

しかし，平成21（2009）年からのノンフローズン製品を開発する過程で，商品の加熱温度（中心温度が規制されている）を十分満たし，なおかつ生肉に近い製品（商品名「紅茶鴨ムネプレーン，モモプレーン」）の開発を完成した。ここでもノンフローズン製品の開発で培った技術が生かされた形である。

これらプレーン商品は和・洋・中・イタリアンなど，いずれの料理用としてもそれぞれの分野の一流シェフが太鼓判を押してくれている。広く一般に認知されるまでにはまだ若干の時間を要するかもしれないが，価格的にも余裕があるので，台湾原料の代替商品として販売が軌道に乗り，業績を伸ばしていけると確信している。

このように当社は思わぬ障害に直面したが，一方で円高という強い味方もある。ノンフローズン製品の開発の遅れなどもあり，現時点では経営革新計画の進捗は計画より遅れ気味であるが，上田社長は心配していない。

「ノンフローズンで家庭向けの量販店ルートを開拓し業績アップを図りたい。プレーンで鳥インフルエンザに左右されない経営体質の会社にしたい」と上田社長は変わらぬ強い意欲を持ち続けている。

（5） 夢はベトナムでの自社工場

上田社長に「現在の夢はなんですか」と伺ってみた。将来的にはベトナムに自社の工場を建てたいとのことである。もちろん生産コストが安いという面もあるが，ベトナムでは合鴨農法をやっており，水田に放し飼いにされた野生に近い形で育った鴨は美味しいし，ベトナム人はやさしく人を信用する点がいいという。近い将来の実現を期待したい。

5　新技術でリビングの風を変えるバルミューダ（株）

（1）　武蔵野の地に創業

　バルミューダ株式会社は寺尾玄社長のもと武蔵野市吉祥寺にある。「なるべく少ない持ち物で，情熱的に生きていきたい」という思いで寺尾社長は平成15（2003）年，バルミューダデザインを設立した。一人でスタートした会社は今では14名の社員が働く会社となった。

GreenFan 2

　平成23（2011）年2月には株式会社化して，更なる成長を目指している。

（2）　お客様に選ばれる製品開発を目指した経営革新

　当社はこれまでパソコン周辺機器や卓上型LED（発光ダイオード）照明機器を手掛けてきた。寺尾社長にとってどの製品も納得のいくものであった。ただ価格帯は"高級デザイン家電"とされるものだった。たとえばLED照明は84,000円。単に興味をもってもらえるばかりでなく，選んでもらえるものを作らないとメーカーとしての存在意義が問われると，寺尾社長は考えた。

【企業名】 バルミューダ株式会社	【代表取締役社長】 寺尾　玄
【創業】平成15（2003）年4月 【資本金】非公開 【従業員】14名 【本社所在地】東京都武蔵野市吉祥寺南町2-8-9 【TEL】0422-41-1112 【FAX】0422-41-1114 【URL】http://www.balumuda.com/jp/ 【業務内容】冷暖房機器の企画，開発，販売，サービス	

寺尾玄社長

「世の中に必要とされるもの」は何かと考えた。地球温暖化で暑くなる夏を快適に過ごすには，従来の扇風機にはない，人が本当に心地よいと感じる風をつくることだ。考え抜いた末，省エネ型で自然に近い風を生み出す扇風機という製品コンセプトにたどり着いた。そして，「風量，面積が大きい自然風を再現する扇風機シリーズの開発と販売」というテーマで経営革新計画を立てる決心をした。

（3） オンリーワン製品－省エネで自然に近い風がある扇風機

2年の歳月を費やし製品化したGreenFan（グリーンファン）がつくる風は本当にやさしい。普通の扇風機では突き刺さるような圧迫感のある風が集中してやってくる。GreenFanはほんわかした風が幅広くやってくるのだ。ふんわりと窓からやってくる"自然"の風を浴びることができる。

この風は2種類の羽根から生み出される。このアイデアは寺尾社長が会社を設立する以前，町工場で修行していた経験から出たという。

そのころ町工場ではどこも夏は大きな扇風機を使っていた。そこでは風をいったん壁に当てることが多い。そうすると

二重構造の羽根

柔らかな風が生まれるそうだ。羽根を回転させて空気を押し出すことにより生じる渦巻き成分が壁に当たって拡散するからだった。

そこで，寺尾社長は流体力学を学び，そこから速度の違う流体（空気）を干渉させれば，ぶつかり合い壁に当てるような現象が起きることを発見した。こうして二重構造の羽根に行きついたのだった。内側の羽根と外側の羽根で起こされる速度が違う2種類の風がぶつかると柔らかな風が生まれるのだ。

また，ムダな空気抵抗をなくし，送風効率を高くする設計を追求した結果，

最小の電力で大きな風を送り出し、そのうえ圧倒的に静かな扇風機の開発に成功したのである。

図表1－7　グリーンファンテクノロジーの仕組み

最新機種であるGreenFan 2の消費電力は従来の扇風機の10分の1である。LEDでさえ従来の電球の5分の1なのだから、GreenFan 2がいかに省エネであるかおわかりいただけよう。

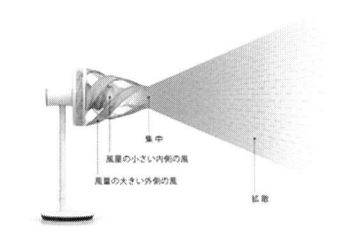

また、最弱運転時の動作音は13dBである。ちなみに人がやっと聞ける音で20dB、蝶のはばたきが13dBだそうだ。

GreenFan 2にはリモコンが付くようになった。風が10メートル先まで届く扇風機である。本体までいちいち来ないと操作ができないようでは困る。そのようなユーザーからの要望にすばやく対応した。

平成23（2011）年、GreenFan 2は簡単に入手できないほど売れた。夏前に年間計画分を既に出荷してしまった。年初に立てた生産の数ですら社長は作りすぎではないかと考えていたのにである。

リモコン

この爆発的なGreenFanシリーズの人気により、バルミューダは高級扇風機という分野でブランドを確立しつつあるようだ。

（4）　製品開発への思い－自分が欲しい製品でなくては

寺尾社長はこう語る。「重視するのは常にユーザーメリット。どういう便利さ、快適さを提供できるか」

ユーザーメリットというと"ボイスオブカスタマー"を重視する会社も少なくないが、バルミューダではいわゆるマーケティングリサーチなどは行わ

ない。なぜか。

「ブレークスルーは"消費者の声"からは生まれにくい。消費者はあくまでも今あるものに対する意見を出すもので，ないものを生み出すのが自分たちの仕事。まず自分たち自身がユーザーであるという視点に立ちながら，自分たちの感覚を信じ，こんなものがあればすごい，というプロダクツを思いつくことだ」。寺尾社長の開発に対する思いは明確である。

マーケットリサーチに頼りきり，感性を失いつつあるものづくり日本の一部の開発者には耳の痛い言葉である。

（5） バランス重視のチャネル戦略－企画の主導権を維持する

当社は現在5つの販路を持っている。百貨店，通販，EC，大型量販店，ダイレクト販売だ。どの販路にもバランスよく供給することを重視しているそうだ。

「一つの販路に依存することになれば，そこからの要求に開発方針が影響を受けてしまう」と寺尾社長は語る。大手の家電メーカーが大型量販店に製品開発から価格まで主導権を握られている現状をみれば納得がいく。

ユーザーメリットを一番に考え，製品コンセプトを自ら決めていくために，販路のバランスは絶対維持しなければならない。寺尾社長は「最後はお客様が決めるのです」という。ここでも社長の思いはぶれていない。

（6） まねされることを恐れない開拓者魂

たとえ製品が受け入れられた場合にも，リスクはある。類似商品の出現だ。これに関しては「悪質なものに対しては法的な措置もとるが，基本的に"コンセプト"は特許を取れるものではない」と寺尾社長は考える。

そしてスマートフォンの世界を席巻する会社を例に挙げてこう語る。「圧倒的によいものは，類似商品などとても寄せ付けないものだ。当然，まったく同じコンセプトの製品も出てくる。それは宿命。売れたら，まねをされる。

対処法は,"進化すること"しかない。常にまねされるようなものを生み出すしかない」

GreenFanの成功を見て,大手の量販店や家電メーカーが類似品を発売しているが,寺尾社長はそのことに悠然と構えている。

(7) バルミューダは何を目指すのか

それでは,バルミューダの次の一手とは何だろうか。

「バルミューダとしては,まず(プロダクツの)"面"を作ることが大事」

寺尾社長は製品群のことを"面"と表現する。"面"を作るためには,ただのカラーバリエーションやサイズ違いを出すことはしない。それでは"面"にならない。それぞれの製品が,違ったユーザーメリットを持たなければならない,と寺尾社長はいう。

地球温暖化,石油燃料の枯渇から冷暖房機器=扇風機にたどり着いたことを考えると,当社はほかにも空調設備…たとえば暖房機器などを出してくるのではないのだろうか。

常にユーザーメリットを重視し,どのような便利さ,快適さを提供できるのかを考え続けるバルミューダ。そこに日本がいつしか忘れかけている"ものづくり日本"の開発者魂を感じる。

「自分しかできないこと,それは夢を見ることである。そして社員が安心して走れる場所を作ることだ。社員は走る能力はあるのだから,その能力を最大に生かせる場所と目指す未来を描くことが私のミッションだ」と寺尾社長は語る。そこには強い信念とリーダーシップがある。

スタッフが14名になり,現在も募集しているという当社の今後の動きに注目したい。

6 アロマの香りで店内を演出する企業に変身した㈱メリ・テック

(1) 企業概要

「近年は，香りを効果的に使う企業が増加してきたので，当社もエッセンシャルオイルを使用した爽やかな環境づくりの製品を開発し，新しい発想にチャレンジして皆様の幸せに少しでもお役に立てる企業でありたい」と，株式会社メリ・テックの山口社長は念じている。当社は従来製品のレンタル用玄関マット，トイレ専用マット，トイレ芳香剤の販売でもオリジナル商品を充実させている。

【企業名】 株式会社メリ・テック	【代表取締役社長】 山口祐治
【設立】平成18（2006）年5月 【資本金】1,000万円 【従業員】3名 【本社所在地】東京都豊島区池袋2-33-14 【TEL】03-6912-9669 【FAX】03-3980-7420 【URL】http://meri-tech.jimdo.com 【業務内容】天然香料を使用した芳香器のファブレスメーカー	

山口祐治社長

(2) 経営革新に取り組んだ動機

山口社長は，平成20（2008）年5月，自分の経験を生かして，国産品が優位を占めているレンタル用玄関マットの市場に狙いを定め，低価格品，中級品，高級品毎にそれぞれ特色ある製品を揃え，後発企業ながら取引先としてレンタル事業者を確保した。

山口社長は，自社の製品である玄関マットのユーザー店舗を巡回して，各店舗が悪臭対策に困っていることを実感し，当社として取組み策があるかど

うかを検討した。

　国内には，トイレや玄関等の狭い空間を対象とした合成香料の芳香器はあるが，200人～300人が着席しているパチンコホールのような大規模空間を対象とした製品が販売されていないので，この需要をターゲットとして，低コストで長時間使用できる製品を開発できれば，ニッチな市場を確保できることを確信した。

（3）　経営革新計画作成と承認取得

① 　平成22（2010）年初めに新製品を構想して，ステンレス板金会社にボディの製作，香料メーカーに人気の高い天然香料（エッセンシャルオイル）を使用した芳香剤の製造を依頼し，出来上がった試作品にて，長期間香りを発散する方式を探求した。

② 　次に，香りを1ヵ月間維持できる製品をもとに，知り合いの店舗で実用テストを行い，1店舗当たりの悪臭対策に必要な台数を掌握した。

③ 　同年5月にNHKの「クローズアップ現代」で香りを使った効果の放送があり，想定したユーザー層との共感を高めることに役立った。

④ 　実用テストの結果が良好だったので，歯科医院，金融機関の窓口等用途の拡大を図り，アロマの香りが期待どおりの成果を上げた。

⑤ 　自社で新製品を開発し，新規顧客層をターゲットとする従来と異なった流通ルートの確立にも目途が立ったので，東京商工会議所から紹介を受けた中小企業診断士と一緒に，経営革新計画の作成に取りかかった。ビジネスプランが確立していたので，経営革新計画承認申請書の作業は順調に推移し，大きな修正も加えずに同年11月に承認を受けることができた。

第1世代機器　　第2世代機器　　　当初開発の芳香剤3種類
（芳香器の本体機器）　　　　　（すべて天然香料製品）

（4）　経営革新計画の内容
① 芳香器の開発（第1世代機器，耐久性に優れる）
1）耐久性を確保するため，本体をステンレス製とした。
2）どこにでも据付けられるよう家庭用電源を用いた。
② 芳香剤の開発
1）天然香料を調合して，当社オリジナルの，気分が爽快になる，気分が落ち着く，リラックスする等の香りを作り出した。
2）調合した香りが長期間同じ強さの香りを維持できるように工夫した。
③ 販売方法の確定
想定顧客が，毎月安価な金額にて利用することを希望していたので，レンタル方式を採用し，4週間に一度，芳香剤を交換する制度を採用した。レンタル方式の採用により，当社も安定的に収益を確保できることになった。
④ 販売ルートの開拓
地域一番店のオーナーや店長に信頼されている人に，製品の良さをわかってもらい，その人を介して販路の開拓を進めた。

（5）　経営革新計画承認を取得した即時効果
経営革新計画承認の公表後，すぐに製品改良の提案者が出現した。

① 製品本体をプラスチック製に切り替える提案者の出現

当社は製品本体をステンレスからプラスチックに切り替え，見た目と性能を改善する構想を有し，海外に製造委託することを考慮していたが，国内メーカーの協力者が出現し，平成23（2011）年6月，ファッション性の高い第2世代機器を市場に提供した。

② ファンモーターの共同開発者の出現

小型モーターの世界的トップ企業から営業担当者が来訪し，DCファンモーター開発の協力関係が成立した。

(6) 経営革新計画の実践

製品性能の良さとともに，経営革新計画承認を受け新製品が話題として取り上げられたことから，主力の想定市場で順調に受注確保が進んだ。

としま　ものづくりメッセ

① 多くのパチンコ店ではタバコ臭が問題になっているが，アロマジェット（製品名）を設置したホールでは，空気がきれいになった感じがして，女性客が目に見えて増加した。

パチンコ店内での利用 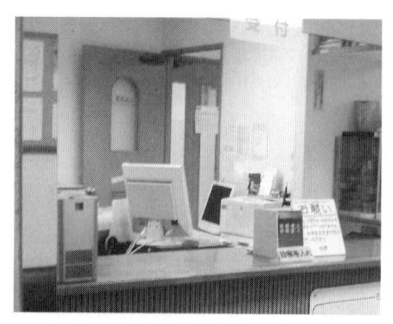　　　歯科医院受付での利用

ヘアーサロンの店内での利用

② 歯科医院の特有の臭いが打ち消され，評判が良い。
③ 自動車ディーラーでも，自店の香りを漂わせて来店客に好評である。
④ ヘアーサロンのように，自店独自の香りを漂わせて，お客様に良い印象を与えるお店も出現している。
⑤ サウナでは，気分を落ち着かせ，リフレッシュするために，森林浴に似せた香りを出して，自店の評判を高める努力もなされている。

（7）　経営革新計画実施の成果

　パチンコ業界の地域一番店の多くから，店舗の差別化戦略の一環として，その店独自の香りの特注品を受注した。レストラン等の飲食店からも自店の商品の香りを漂わせたいという要望が集まってきた。また，東南アジア数ヵ

国にて日本料理店を展開しているRE&S社が材料調達部門として設置した日本法人から，焼き鳥，パン，コーヒーに関するオリジナルな香りを受注する等，当社はエッセンシャルオイルの芳香器のファブレス企業に変身した。年間売上高は以前の業態に準じて算定すると約4倍になり，利益も十分に確保できる体制になった。

さらにアロマジェットの可能性を追求し，協力企業と力を合わせて新たな計画に着手した。

週刊ぐるなび市場

① 防虫・消臭・制菌作用があるといわれている，沖縄の月桃エキスを使用した芳香剤の開発。
② 主にレストラン等を対象として，鼠やゴキブリ対策の手間と費用を削減するため，海洋生物素材を使った鼠やゴキブリ忌避用の芳香剤の開発。
③ 「ぐるなび」に加入している4万店舗向けに，「ぐるなび」の展示会と営業部員を活用して，芳香剤の小ロット生産を武器に，それぞれの店舗の個性に合ったオリジナルな芳香剤開発を提案。

第2章

経営革新計画承認で躍進している建設業の事例

1　改良フーチングレス・パネル工法で躍進する㈱コクヨー

（1）　企業概要

　株式会社コクヨーは，平成5（1993）年4月に設立した。杭打ち工事の高い技術を持ちながらもバブルの崩壊で多額の負債を抱え，事業遂行ができなくなった会社の工事部門責任者であり，常務取締役であった國枝陽一氏が部下数名と新たに立ち上げた会社である。

　新会社設立にあたり，会社名を「コクヨー」としたのは，國枝陽一氏の名前の略（國コク，陽ヨー）であること以外に，文房具で有名なコクヨ株式会社と間違えて飛び込み訪問や電話でのテレアポの際などに取り次いでもらえるのでは，との思いも込められている。

　当社は，杭基礎工事，地盤改良工事，造成工事を得意としており，これまでコンクリート建材メーカー，設計コンサルタント，当社の3社で共同開発した「フーチングレス・パネル工法」（＝柱状改良地盤体に鋼管を立て込み，均しコンクリートを打設，地上部に突出した鋼管にコンクリートパネルをセットし，自立式擁壁を構築する工法）によって公共工事を中心に土木工事分野で一定の実績を上げてきた。また，平成19（2007）年には国土交通省の新技術情報提供システム（NETIS）に登録されている。

【企業名】 　　株式会社コクヨー	【代表取締役社長】 　　國枝陽一
【設立】平成5（1993）年4月 【資本金】1,500万円 【従業員】22名 【本社所在地】千葉県千葉市稲毛区緑町1-5-12 【TEL】043-203-0727　【FAX】043-203-0728 【業務内容】杭基礎工事業，地盤改良工事業	

國枝陽一社長

（2） 共同特許の権利を独占してフーチングレス・パネル工法の改良に着手

　従来から行われているL型擁壁工法は大きな底版（フーチング）があるため，工事にさまざまな制約が生じる。フーチングレス・パネル工法にはL型工法と比べて次のような違いおよび利点がある。

図表2-1　L型擁壁工法とフーチングレス・パネル工法の比較

	L型擁壁工法	フーチングレス・パネル工法
必要となる重機	掘削幅が広く掘削残土が多いので，大型重機が必要となる。	掘削幅が小さく，発生する残土も抑制できるので小型の重機で施工できる。
狭い場所での施工	大型重機を使用するので搬入路に限界があり，狭い場所には対応できない。	擁壁をパネル化し，小型軽量となるので，大型重機が入れなくて施工できなかった場所でも施工ができる。
道路下占有空間	将来，下水管等を埋設する場合，底版が邪魔になってしまう。	道路下占有空間が確保されるので，下水管等の埋設が容易となる。
支持地盤の悪い場所での施工	杭基礎または地盤改良を行う必要があり，工費が嵩んで不経済となる。	柱状地盤改良体に鋼管杭を立て込み，擁壁化するので，地盤改良が不要で経済的である。

図表2-2　フーチングレス・パネル工法のイメージ

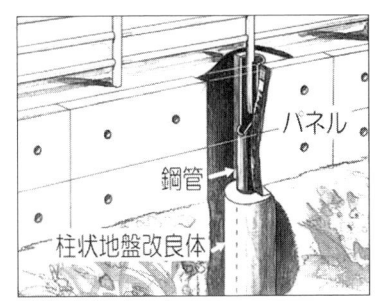

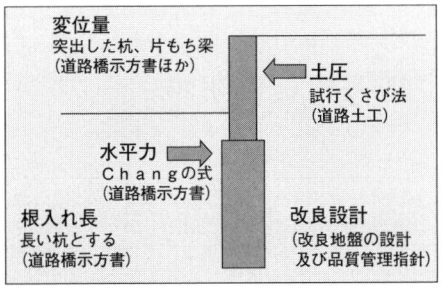

　上記のとおりフーチングレス・パネル工法は優れたものであり，当社は公共工事を中心に営業活動を行い，特に土木分野においては一定の実績を上げているが，土木の公共工事は秋口以降の施工が通例であり4月～9月頃の施工が落ち込んでしまうという難点がある。

当社は受注・施工の平準化を図るためには建築工事へのフーチングレス・パネル工法の応用や専用重機開発が必要と痛感していたが，3社による共同事業・共同開発であったため，意見の統一や改良への取組みが進まずにいた。しかし，その後他の2社が事業から撤退し，特許権利をすべて当社が取得することに成功した。そこで建築市場でも広く使用することのできるようにフーチングレス・パネル工法の精度を高め，土木・建築両市場で通年工事を実施する事業へと変革を図るべく経営革新に取り組むことになった。当社の経営革新計画は平成23（2011）年2月に千葉県で承認された。

（3） 新たな装置を開発して建築市場でも使い勝手のよい工法を実現

当社は土木・建築両市場でフーチングレス・パネル工法を展開するため，整理した問題点と課題解決のための開発目標を経営革新計画にまとめ上げた。

フーチングレス・パネル工法の精度を高めるには次の点が問題となる。

【問題点】

① 主な使用場面が土木市場に限定されている。
② 対応できる地盤の堅さが限られている。
③ キャビン（掘削機操作室）で操作・確認できる管理装置の精度が低い。
④ 改良体（掘削穴の中で固めてつくるコンクリート柱）の品質が不十分。
⑤ 複数の施工重機を使うため，コストと時間がかかる。
⑥ 専用ヘッド（地盤掘削のために使うドリル先端部分）の性能が不十分。
⑦ 使用鋼管（掘削した穴に挿入する金属製の管）の安定度が劣る。

当社はこれまでのフーチングレス・パネル工法の施工技術をベースとして，より高品質で低コストを実現するために次の開発を行うこととした。

【新たなアタッチメント類・専用機・管理装置の開発】

① アタッチメント類の開発

1）従来の機械（モーター）よりもトルクが大きくN値15程度の掘削機を開発し，より堅い地盤での工事を可能とする。

2）拡大翼付専用ヘッドを開発し広底径の施工を実現させるとともに，特許を出願して当社ノウハウを確立させる。

3）芯材となる鋼管の先端部に羽根をスパイラル状に付け，先端には掘削針を持たせることによって，施工速度を速くする。

② **専用機の開発**

掘削機にクレーンを装着し，1台でパネルの立て込みまでを行う専用機を開発して工事の効率化，工事期間の短縮を図る。

③ **管理装置**

管理装置を充実させ，深度計，流量計，沿直計等をオペレーターがキャビンの中から操作し，均一な地盤改良を行えるようにする。

図表2－3　FP（フーチングレス・パネル）工法の新旧比較

	従来FP工法		新FP工法（経営革新事業）	
概要	3社共同で開発した工法。主に土木分野では使われているが，より細かな精度の必要な建築分野での本格的な活用は図られていない。		施工重機や付属機器等を新たに開発し，土木以外に建築分野での活用を見込む。	
対応地盤	○	N＝10程度までが限界	◎	N＝15程度までの掘削が可能な高トルクモーターを使用
管理装置	○	流量計のみ	◎	流量計，深度計，傾斜計を導入し，キャビンですべて操作可能
改良体品質	△	高品質であるが右記には劣る	◎	均一で沿直性の高い改良体の構築が可能
クレーン相番機の有無	△	クレーンとしての機能はやや劣り，相番機が必要な現場が多い	◎	クレーンとしても使用可能であり，コストと時間の短縮が可能
専用ヘッド	△	通常の改良ヘッドで施工	◎	専用の拡大翼付きヘッドで施工する。広底径の施工が可能
使用鋼管	△	通常の一般炭素鋼管	◎	鋼管に拡大翼，先端に掘削針を持ち，施工速度が速く，安定度も高い鋼管を使用する。
考察	右記には劣る。		新規重機及び付属機器に新たに開発したものを用いるため，施工性及び安全性に優れる。コスト面では施工速度が速くなることでカバー可能	
総合評価	○		◎	

(4) 改良フーチングレス・パネル工法の全国展開に向けて取組みを加速

　当社は経営革新計画に則り，新たなアタッチメント類・専用機・管理装置の開発と工事の受注・施工を進めている。東日本大震災の影響があり，経営革新計画の実践は部分的に遅れている点もあるが，狭くて地盤が悪いなどの悪条件下での工事受注が着実に増えている。

　さらに当社は新たなフーチングレス・パネル工法を全国に広げていくにあたり，FC（フランチャイズ）展開を本格化させていくべく活動を強化している。土木と比べて建築の場合は狭い場所での施工が多いため，全国の建築現場でのFC参加企業による施工が待ち遠しい。

　また，当社の長年のフーチングレス・パネル工法の実績と新たなフーチングレス・パネル工法の良さが認められ，改良フーチングレス・パネル工法は間もなく国土交通省認定工法となる見込みである。

　国土交通省認定工法となれば建築主事による建築確認が容易となり，建築市場への進出がさらに加速されると考えている。

自立式擁壁パネル設置状況　　　専用機による掘削の様子

（5） 千葉県発の工法を全国に広げるために第二，第三の経営革新を決意

　経営革新計画への挑戦は当社にさまざまな恩恵をもたらした。社内では，会社の目指すべき方向性が明確になり，社員の責任感が増している。対外的にも千葉県知事の認めた事業計画であることから当社および当社事業に対する期待感や認知度が高まっていると感じている。

　経営革新を実践することにより，土木工事と建築工事のバランスが取れ始めていて土木・建築両市場での通年工事が視野に入ってきた。

　千葉県では，東日本大震災の際に浦安市，習志野市，千葉市，我孫子市などで深刻な液状化に見舞われたが，フーチングレス・パネル工法で施工した道路や建物では，被害を最小限に食い止めることができた。

　これまで当社ではフーチングレス・パネル工法を改良するのと同時に液状化対策工法の研究・開発を進めてきた。今後は改良フーチングレス・パネル工法を普及させるとともに，液状化対策の面でも千葉県発の新たな事業を立ち上げ，第二，第三の経営革新に取り組んでいきたいと考えている。

2 高級路線で収益体質をつくり上げた㈱新居伝

（1） 企業概要

　株式会社新居伝は昭和27（1952）年9月1日に創業し，徳島県に本社を置く。事業は建設資材，インテリア資材を取り扱う卸売業である。徳島の本社を含め，現在営業所は合計8ヵ所あり，中四国を中心に事業展開している。

　当社は従来，内装資材の販売および施工を主たる業務とし，カーテン等インテリア商品小売店や内装施工業者（職人）を得意先としてきた。しかし，近年の建設業界を取り巻く経営環境の悪化，新築から増改築への需要シフト等を考慮し，一般消費者を対象とするチャネルの開拓が急務であった。

【企業名】 株式会社新居伝	【代表取締役社長】 新居啓一
【設立】昭和27（1952）年9月 【資本金】4,800万円 【従業員】50名 【本社所在地】徳島県徳島市佐古一番町2-15 【TEL】088-625-2223　【FAX】088-626-1206 【業務内容】インテリア商品販売，及び設計施工	

新居啓一社長

（2） 経営革新に及んだ経緯や動機と経営革新計画の承認
① 経緯

　中小企業振興機構（都道府県の外郭団体）より専門化派遣依頼があり，訪問した段階では，既に経営革新計画承認を受けた後で，これから実践段階というフェーズであった。相談内容としては，①高級路線の住設販売の展開（経営革新計画の骨子になっていた），②基幹業務の改革と効果検証の仕組み構築の依頼があった。

(3) コーディネート機能を活かした高付加価値提案

　一般消費者を対象としたチャネルの構築が不可欠の要素である上に，内装資材の代表ともいえる表装・ビニールクロスは価格競争の荒波に晒されており，事業を抜本的に改革する方向で進めていかなければならない状況があった。そこで，コーディネート機能を有した総合提案を通じてより付加価値の高いビジネスモデルの構築を図るべく，経営革新に着手した経緯がある。

① 高級路線の住設販売の展開

「総合プロデュース型」のショールーム型店舗によるビジネスモデル構築を目標とし，以下のポイントに留意して展開した。

- 一般消費者を対象とした新規チャネルの開拓を主軸とする
- 上記の戦略と並行して既存得意先のリテールサポート機能を有する
- 内装資材から住宅設備建設機器に至るまで『暮らし』の総合提案ができる
- インテリアコーディネータ等による専門的かつ高度な提案ができる

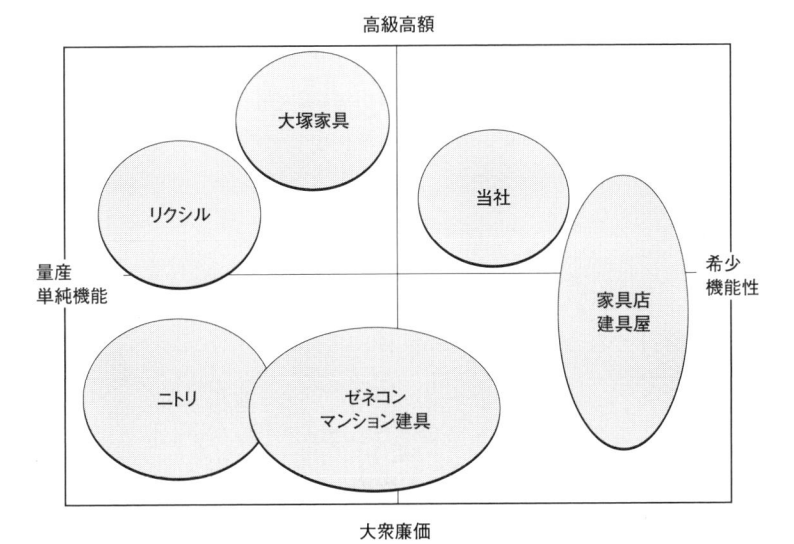

図表2-4　新事業ポジショニングマップ

（縦軸：高級高額／大衆廉価、横軸：量産単純機能／希少機能性）
- 大塚家具
- リクシル
- 当社
- ニトリ
- ゼネコンマンション建具
- 家具店建具屋

既存事業との相違点は，プロ（施工業者）向けの営業と消費者向けの提案・販売が棲み分けられていたものを融合させ，新たな暮らし方提案が可能になった点である。

② 基幹業務システムの改革

各営業所は，受発注管理と在庫管理を実施している。在庫管理は，実地棚卸をしているが，実際管理されているとは言いがたい状況であった。資材商品もさることながら，メーカーが送ってくる見本などが滞留して結構場所を取っており，倉庫内を占めていた。

問題点としては，正確な実地棚卸および更新処理ができていない，実地棚卸前後の適切な入出庫管理ができていない，適切な商品コードがあるにもかかわらず入力を行っていない，内販業務社員がいない際，伝票処理が正確になされていないなど，数々の課題を抱えていた。

これらの課題を解決し，総合プロデュース型への変革を遂げるために，以下の経営革新を検討した。

・ターンアラウンドシステムの実現
・各営業所の事務労働の軽減→営業に専念できる体制
・モノの流れと情報の流れの同期化（リアルタイム処理の実現）
・適正在庫の維持管理（不良在庫の削減）
・施工を伴う部分は，実行予算に基づいた発注〜支払の実現
・個々人作業のセキュリティ管理の実現

これらを実践することにより，在庫能力や管理能力の効率性・機動性が飛躍的に向上する。さらにハードとしての商品と総合プロデュースとしてのソフト機能が融合することにより，当社独自（オンリーワン）の商品としての差別化要因となり，付加価値を大きく向上させることが可能となる。

基幹システムの革新がテーマとなっているが，「総合プロデュース型」総合提案ができる体制構築や事業承継も含め，革新していくことによる期待効果を明示し，進めていった。

図表2-5 革新期待効果の立案

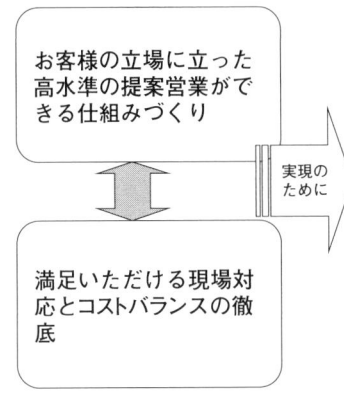

お客様の立場に立った高水準の提案営業ができる仕組みづくり

⇅

満足いただける現場対応とコストバランスの徹底

実現のために→

項目 ステップ	革新の内容	実施期間	現状コスト	革新後コスト	期待効果	投資金額
第1ステップ	物流の改善による期待効果	1~2年目	232,653	210,000	22,653	30,000
第2ステップ	在庫管理の仕組み導入による期待効果	1年目	84,979	79,000	5,979	0
第3ステップ	遊休資産の活用等、財務改善による期待効果	2年目			31,000	0
第4ステップ	仕入原価の引き下げ・売価の適正化による期待効果	2年目	1,319,178	1,292,000	27,178	30,000
第5ステップ	企画開発営業部隊の構築による期待効果	3年目	2,007,322	2,100,000	92,678	0
第6ステップ	人事評価制度の導入による期待効果	3年目	254,552	244,000	10,552	0
第7ステップ	事業承継と組織体制の再構築					
合計期待効果		千円	3,898,684	3,925,000	190,040	60,000

(4) 高付加価値商売への転換が具現化してきた

① 高級路線の住設販売の展開＜実践＞

ショールームを建設し、提案型営業体制の確立を目指した。エンドユーザー向けの新規開拓の営業体制、既存得意先営業体制の両輪で提案できるように人員整備等を進めた。設備投資も伴ったため、利益確保が必須課題であり、革新事業の付加価値が問われるところである。地元芸術家とタイアップしたイベントを開催するなど、理想の住まい方が実感できる場として定着しつつある。

ショールーム外観

② 基幹業務の改革＜実践＞

在庫管理システムを構築した。在庫削減は、各営業所の在庫保管を可能な限り圧縮し、在庫管理手順書に基づく在庫管理を実践した。本社倉庫を配送センター機能として集中管理できるようにし、受発注を含めた抜本的な業務

革新は，IT投資による基幹業務改革を実践した。ベンダーコンペによるIT調達，開発依頼，運用に至るまでのサポートを行い，現在も利益獲得に向けた体制の整備が進行中である。

（5）収益体質への転身に向けて邁進する

① 高級路線の住設販売の展開＜効果＞

高付加価値提案を実践していく中で，取扱い単価のアップと粗利率の向上がみられた。顧客層の変化もみられ，不況下でも高級志向の潜在顧客にアピールできたことは，大いに業績に寄与した点である。

今後は，活用頻度を上げ，多くの施工業者，エンドユーザーに利用してもらう策を講じていく。

② 基幹業務の改革＜効果＞

ターンアラウンドシステムを実現し，各営業所の事務労働の軽減から営業に専念できる体制をつくることができた。また，モノの流れと情報の流れの同期化（発生源処理）により，現場でのリアルタイム処理を実現し，同時に適正在庫の維持管理を行うことで不良在庫の削減ができた。施工を伴う部分は，実行予算に基づいた発注から支払の管理ができるようになった。

在庫は本社倉庫を物流センター化し，集中管理を行い，本社のコールセンター化と多能工化を実践中である。営業担当者は場所を選ばず営業活動でき，担当者個々人の成果がみえるようになった。営業拠点のリースバック，売却により固定費の削減ができた。

今後の取組みとして，場所を選ばない営業体制のため，拠点が成果を上げやすく，上長の成果は社員の成長でわかるようにしていく。また，受発注から請求・回収まで一貫したシステムをフルに活用することで更なる作業の適正化を図り，営業利益の確保を確実にする。

3 提案型デザインリフォーム事業で躍進する㈱カネタ建設

(1) 昭和8年創業の老舗

　株式会社カネタ建設は，猪又直登社長の祖父が木材業・カネタ猪又製材所を昭和8（1933）年に創業したのに始まる。創業時は木材の製材が事業の中心だったが，徐々に請負業として住宅建設を手掛けるようになった。父の代になった昭和40年代に官庁の土木工事分野に進出して事業を拡大していった。

猪又直登社長

　猪又社長は3代目で，平成13（2001）年9月に就任した。就任当時，売上の約7割を官庁の土木工事に依存していたが，公共事業縮小を見越して，民間住宅建設に事業の舵をきった。戦略は成功し，平成18（2006）年には上越支店を開設，平成23（2011）年1月には介護事業部をスタートさせ「地域のワンストップサービス企業」を目指している。

【企業名】株式会社カネタ建設	【代表取締役社長】猪又直登
【設立】昭和8（1933）年3月　【資本金】3,000万円 【従業員】41名 【本社所在地】新潟県糸魚川市中央2-4-2 【TEL】025-552-0456　【FAX】025-552-9295 【URL】http://www.kaneta.co.jp 【業務内容】総合建設業，一級建築士事務所，宅地建物取引業，在宅介護事業	

イベントの後に勢揃いした社員

（２）"建設業"から"サービス業"へ，老舗企業３代目の挑戦

　そもそも猪又社長は「家業を継ぐつもりはなかった」という。大学を卒業して東京の大手玩具メーカーに就職し，企画部門で充実した会社生活を送っていた。

　玩具メーカーを辞めてカネタ建設に入ったのは，家業の経営不振が待ったなしの状況にあり，家業を立て直すには今しかない，ぎりぎりのタイミングだと思ったからである。経営の革新を宿命づけられた入社であった。

　入社当時のカネタ建設は，事業の７割を官庁の土木工事に依存していたため，公共工事縮小のあおりを受け，経営は疲弊していた。

　職場は，タバコの煙で前が見えないような状態であったし，父である社長は市議会議員を務め，政治活動が中心で会社の経営は人に任せていたため，何を聞いても会社のことはわからなかった。

　社内をよくみると，建築部門の従業員には，ものづくりへの強いこだわりがあった。古民家や寺社の建築で培ってきた高度な技術と豊富な経験があった。いずれにしても，官庁頼みの土木部門は今後ますます先細るだろうと予測できた。そこで建築部門の従業員の技術と経験を十分発揮できる"民間住宅建築"を事業の中心に据え，PRを強化することにした。

　しかし，会社には多くのベテランがいるが，自分はまったくの素人である。社員も「この若造に何ができるか」との思いで品定めをしているかのようであった。

ロゴマーク

　自分にできることは，サラリーマン時代に培った「営業」と「販促」の能力をフルに発揮することしかない。自らパソコンを駆使しPR用のチラシを作成したり，東京のデザイン会社と組

オレンジフェアのチラシ

んで斬新なホームページを作成したりした。テレビコマーシャルをつくり，広告宣伝を積極的に展開していった。

　会社の新しいロゴマークも自らデザインした。「カネタ」の「K」と家の屋根をモチーフに，明るくシャープなデザインで新生「カネタ建設」を表現したものである。

　従業員の意識改革と研修を兼ねて，地域との交流イベントを開催するようになった。当社の経営理念を，「全従業員の物心両面の幸せを実現するとともに，地域社会の進歩発展に貢献する」ことと定め，地域とのつながりの中で自社の魅力を創出し，会社とまちを一緒に活性化させることを強く意識した。自分の思いを根気よく会議でぶつけ，声を荒げることも度々あった。

　自分ができることは全力で，すべてを本気で行っていった結果，徐々にではあるが，当社は少しずつ変化し続け，今では売上高の8割を民間住宅建設が占めるようになり，糸魚川市での新築住宅建築のシェアはトップ3をキープするまでになった。

（3）　転機となった糸魚川商工会議所の経営革新塾受講

　当社は，猪又社長のもと，糸魚川市で「オンリー1の住まいづくり」をキャッチフレーズに事業を展開し，新築住宅建設で高い評価を得るまでになった。

　しかし近年，新築住宅市場は縮小傾向にある。その一方で，新築や建替えよりも既存の住宅をリフォームしながら長く使いたいという需要が顕在化しつつある。そのニーズをいち早く捉えたい。そんな思いから，リフォーム分野で，デザインに特化した「提案型デザインリフォーム事業」の展開を進めることをテーマとして経営革新計画を策定し，申請は承認された。

　糸魚川商工会議所の「経営革新塾」を平成20年と21年の2回受講したことで多くの収穫を得た。建設業のあり方を多面的に見つめ直すことができるようになったこと，発想を転換することができるようにもなった。リフォーム

事業の位置づけや自社のポジショニングを明確にすることができた。

従来，リフォームというと，原状復帰型で住宅のメンテナンスという印象が強かったが，当社が目指すのは，「提案型リノベーションリフォーム」である。そ

図表２－６　カネタ建設が目指すポジショニング

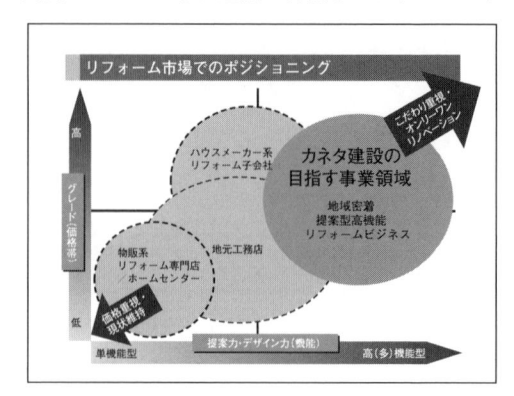

れは，お客様のこだわりを重視しながら，住み慣れた土地での新しいライフスタイルを提案していくことで，これまで進めてきた"オンリー１の住まいづくり"を発展させたもので，他社にはまねのできない事業だと自負することができた。

リフォームは，新築より難しい。なぜなら，個別の悩みを解決するため，オーダーメイドの設計やデザインが必要になるからであり，しかも施主側は，新築するよりも安いと考えているうえに，新築同様の満足感を期待しているからである。

それでも猪又社長は，「５年後には，この上越地区のリフォーム請負件数でトップ企業になっているはず」と自信をみせている。

「経営革新塾を受講していたとき，経営革新計画策定時の２度にわたり自社が他の建築業者に比べてどういう強みを持っていて，それを活かしてどういったリフォームを目指すかを整理することができていた。販売計画や社内体制，投資計画などについても細部まで詰めることができた。本格的なスタートはこれからだが，実現性は極めて高いと考える」と自信の裏づけを語っている。

（4） 地域貢献型企業を目指してチャレンジはつづく

単なるハウスビルダーではなく，ライフスタイルも提案する企業へ。経営革新塾を通じて自らの仕事を多面的に見つめられるようになった猪又社長は，平成23（2011）年1月から新たに在宅介護事業もスタートさせた。

まったくの畑違いに思えるかもしれないが，在宅介護をするときに，住空間の改善，リフォームから係わることが多い。

糸魚川で，快適で豊かな暮らしをトータルにバックアップできる企業として，地域密着型の事業を進めながら地域に貢献していきたいと考えている。

「地域のワンストップサービス企業」を目指してチャレンジを続ける，若い3代目社長が率いる当社の今後に注目したい。

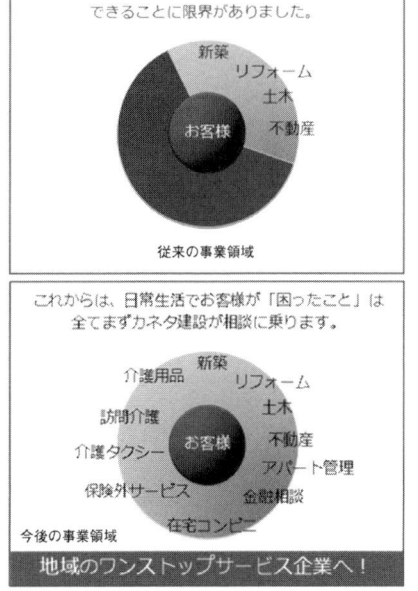

図表2-7

図表2-8 売上高成長率推移（％）

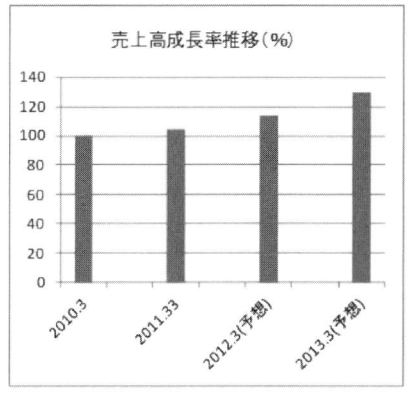

4 吸引掘削工法の実用化により経営革新をした山美津電気（株）

（1） 企業概要

【企業名】 山美津電気株式会社	【代表取締役社長】 山下純一郎
【設立】平成2（1990）年1月22日 【資本金】5,000万円 【従業員】20名 【本社所在地】東京都台東区蔵前3-16-5 【TEL】03-3851-0578 【FAX】03-3851-1451 【URL】http://www.yamamitsu1916.com 【業務内容】電柱と街路灯の掘削・電気工事	

　山美津電気株式会社は大正5（1916）年より電気工事業を営んでおり，日本電燈㈱，東京電燈㈱の指定工事会社として送配電線工事，変電所の工事を行った。また国鉄，私鉄の電気工事，軍関係の電気工事にも従事した。

　街路灯，照明灯設置工事，改修工事が主体であり，その他電気設備工事を行っている。街路灯の電源引込工事は地中埋設工事を伴い，掘削工事を行っている。

　当社の主な取引先と工事内容を以下にまとめて示す。
・国土交通省：照明灯改修工事
・東京都の道路照明設置工事，街灯改修工事，学校電気設備工事
・台東区役所の街路灯整備工事，一葉会館，新上野区民館，学校工事
・都市再生機構の各団地照明灯改修，電灯幹線電気工事

（2） 山美津式"吸引掘削工法"を発案し経営革新計画に取り組む
① 既存事業の問題
　既存の工事では地中線基礎工事等の掘削工事が多い。道路の掘削を行う場

合，既設の埋設物の破損に注意し施工していく必要がある。このため油圧掘削機器の使用ができず，人力作業による掘削を行っている。工事に多くの人手を必要になることと，このような"3K"といわれる仕事に従事する若年労働者が集まらないという問題がある。また，無理に機械掘削施工で既設埋設配管などを破損すると施工を中止し，現状復帰が最優先となり，工事遅れとともに，被害者への補償などの問題が発生し多大な損害が発生することになる。これらを解決するため以下の要求を満たす工法が求められる。

・既設埋設管を破損しない工法
・掘削工事作業の効率化が可能となる工法→人力削減を可能とする工法
・若年層労働者が集められる工法（脱3K工法）
・掘削付電気工事のコスト削減が可能な工法

② 問題を解決できる"吸引掘削工法"を発案し試作

上記の求められる工法として山美津式"吸引掘削工法"を発案し，平成19（2007）年度に兼松エンジニアリング社の吸引搬送車（バキューム車）の車体を活用し，当社仕様の吸引ポンプおよび掘削工具を試作した。

その試行を平成20（2008）年6月から工事現場でテスト工事を行ってきた。その結果，この方式は実用化，事業化の可能性があると確信を持てたので，経営革新計画を申請し本格的な実用化開発，さらに"吸引掘削工法"システムの販売事業化に取り組むことにした。

③ 経営革新計画作成を振興公社の専門家派遣事業で実施

平成20年10月に経営革新計画の承認をいただいた。申請書作成にあたっては東京都中小企業振興公社の専門家派遣事業での支援を得て実施した。

（3）　山美津式"吸引掘削工法"はこんなに効果的

① 経営革新計画の実施項目

山美津式"吸引掘削工法"の実用化開発および，"吸引掘削工法"による官公受注の拡大（直販）と"吸引掘削工法"システムの施工事業社向け販売

事業を行う。

② 山美津式"吸引掘削工法"の説明

以下に兼松エンジニアリング社製の掘削吸引車と掘削汚泥を吸引する吸引工具（マニュプレーターといっている），掘削中の作業場面，掘削したホールで通信配線用ビニール管の障害物が発見された場面を示す。

掘削吸引車　　　吸引に使用する工具　　　工具組み立て状況

掘削施工写真　吸引工具　掘削中の状況

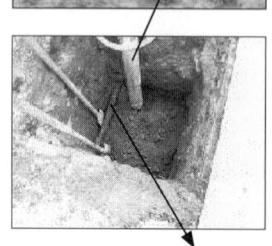

障害物発見　　　　　掘削完了

障害物（通信配線用ビニール管）

③ 従来工法と吸引掘削工法の掘削数量の比較

捨て型枠（スパイラルダクト）を設置することで説明する。従来工法では $1m \times 1.4m \times 2.4m = 3.36m^3$ を掘削するが，吸引掘削工法では，$0.3m \times 0.3m \times 3.14 \times 2.4 = 0.68m^3$ の掘削となり，掘削量の比較をすると80％削減できる。また，従来工法では図中にもある土留め工を実施し作業員の安全確保を行う

が，吸引掘削工法では掘削する穴に入ることはないので，土留め工の必要はない。

土留め工施工状況（旧工法）
　作業員が人力掘削で掘削中の穴に入り1.5m以上の掘削を行う場合，掘削周囲の土が崩れても作業員を守るために施工する。

⇩

吸引掘削工法ではこの土留め用の板が不要になる。

土留め用の板

（4）　経営革新計画を実践した効果

①　吸引掘削工法の実用化

　試作システムの改善・改良を行って，作業効率改善と安全化の検討に重点を置いた。改良・改善にあたっては運搬車を担当する兼松エンジニアリング社と充分な協業を行った。実用化時期を平成21（2009）年3月と申請書では設定したが，半年遅れで完了した。

　掘削工法に関しては，実用新案（登録第3143076）吸引掘削アタッチメントを平成20（2008）年4月に申請し，権利化している。

②　吸引掘削工法による官公需受注の拡大

　工事のコストダウンが実現できるので，入札において低価格での受注が可能となった。リーマンショックの影響や官公需の削減傾向の中で，低価格での受注が可能になり受注量を確保してきた。経営革新計画の売上目標の4億円以上を厳しい市場環境で実現してきている。

③　吸引掘削システムの販売事業の確立

　これは吸引掘削受注事業以外に，このシステムをレンタルや販売する事業

である。掘削電気工事事業者向けの吸引掘削システムの販売を行う。車体およびコンプレッサは兼松エンジニアリングより供給してもらい，取りまとめ，ユーザー教育などの対応を山美津電気が担当する。

このシステムの販売は平成21年末から行うことができた。

図表2－9　吸引掘削システムの販売

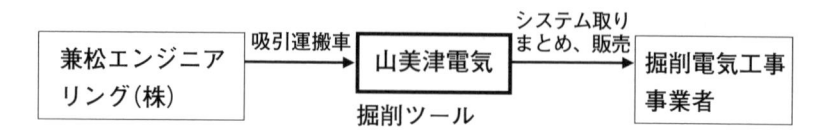

```
兼松エンジニア ─吸引運搬車→ 山美津電気 ─システム取り→ 掘削電気工事
リング(株)                    掘削ツール   まとめ、販売    事業者
```

販売対象の工事事業者は以下を対象としている。
- 電力線工事用掘削工事事業者（関東地区300社）
- ガス配管工事事業者（関東地区50社）ほか

（5）　苦労した経営革新計画承認後の必要設備資金調達

工事受注事業は激しい価格競争の中で勝ち抜くことが求められる。品質を維持してこの価格競争に勝たなければならない。

部材のコストは限界まで下がってきており，コストダウンの余地は少なくなってきている。このような工事込みの受注では，工事そのもののコストの大幅な低減を可能とする工法が勝ちパターンの重要ポイントになる。

山美津電気の事例はまさにこのアプローチの成功例である。人が介在する工事部分を，新工法やツールの応用で従来工法と比べ30％以上のコスト低減を実現したものである。

ただし，計画認定がリーマンショックのまっただ中であり，本工法の実用化や必要設備資金調達では非常に苦労したとのことで，申請額の3分の1しか調達できなかった。経営革新計画認定での資金調達容易化の方策などを東京都に求めていきたいとのことである。

5　建売住宅のブランド価値を追求する㈱Promoters

(1)　企業概要

株式会社 Promoters（プロモーターズ）は，林明慶社長が28歳のときに創業した。総合不動産業として，都市開発を中心に新築分譲，売買仲介などを事業目的としている。

【企業名】 　株式会社 Promoters	【代表取締役社長】 　林　明慶

【設立】平成20（2008）年7月
【資本金】1,000万円　【従業員】12名
【本社所在地】東京都中央区銀座3-11-16
　　　　　　　銀座 Salice ビル3F
【TEL】03-3541-7000【FAX】03-3541-7005
【URL】http://www.promoters.co.jp
【業務内容】不動産開発・建築・設計，
　　　　　　環境事業，ファンド事業

Promoters 本社

(2)　厳しい経営環境の中で新展開を目指して経営革新計画

会社設立当時の経済環境は非常に厳しく，すでにアメリカではサブプライムローン問題が発生していた。創業2ヵ月後の平成20（2008）年9月には，リーマンショックが世界中の経済環境を一変。特に不動産業界では大きな逆風となり，厳しい船出となった。

市況の悪化の中で林社長が感じたのは，従来型の不動産事業だけではなく，明確なビジネスモデルの確立，新しい分野や他とは差別化した商品開発の必要性である。競合他社には，太陽光発電や雨水再利用などのオプション提供はあるものの，標準装備住宅はなかった。そこで，「地球環境にやさしく地域社会に貢献」をコンセプトとする物件の自社開発を目指して経営革新計画を策定し，承認申請をした。計画は平成21（2009）年12月に承認された。

（3）テーマは「エコロジー＋エコノミー＋ココロ（心）」

① 環境にやさしいデザイナーズ建売住宅

経営革新で計画した事業内容は，「エコロジーシステムを完備したデザイナーズ住宅の開発・販売」である。

当社では，社会貢献活動の一環として，以前より「チームマイナス６％（現在，「チャレンジ25」）」活動に注力していた。エコ活動を進める中で，地球環境に配慮した住宅供給のニーズを感じる。また，日々の営業活動の中で，お客様の声として太陽光発電など環境配慮ニーズの高さを実感する。

こうして，「太陽光発電や雨水再利用装置，オール電化などのエコシステムを標準装備した環境に配慮した建売住宅は，時代にマッチした商品開発になると確信した」と，林社長はいう。

開発した住宅には，「エコロジー＋エコノミー＋ココロ（心）」をテーマとして「エコロハウス」と命名し，商標登録を申請した。

さらに将来的には，商業ビル「エコロビル」，新築マンション「エコロレジデンス」への展開を目指す。

図表２－10　エコロハウスの商標登録

エコロハウス®

図表２－11　エコロハウスの特徴

| 太陽光発電 | オール電化 | デザイナーズ | 屋上緑化 |

② 価格は決して高くない！

大手住宅メーカーの住宅建築にはCM，広告費，モデルハウスの費用等のコストが上乗せされるので，その分高いものとなる。一方，Promotersの商品は，余分なコストをかけず，品質と価格のバランスがとれている。

それでも，エコロハウスはエコシステムを標準装備した分，一般の新築住宅より1割ほど販売価格が高い。

しかしながら，環境に配慮した住宅には数々の特典があり，結果的にはリーズナブルな価格となる。たとえば，次のような特典がある。

・国の補助金：「住宅用太陽光発電導入支援対策補助事業」
・都道府県の補助金・市町村の補助金：東京都の場合「住宅用創エネルギー機器等（太陽熱利用システム）導入促進事業」

図表2－12　エコロハウスと一般戸建て住宅の支払額比較例

（単位：万円）

		エコロハウス	新築戸建て
購入価格	本体価格	5,280	4,780
	諸費用	348	348
	火災保険	55	65
	物件価格計	5,683	5,193
	太陽光助成金	△ 100	0
月々の返済	住宅ローン	175,399	187,041
	金融機関	「フラット35S」35年固定 当初10年　金利　1.55％	「フラット35」35年固定 金利　2.55％
	水道・光熱費	9,000	18,000
	売電収入	-10,000	
	総　　計	174,399	205,041
	住宅ローン減税	△ 43,000	△ 41,000
	※住宅ローン減税は相当額を月額ベースに割戻し		
	実質負担額	131,399	164,041
	支払総額	77,479,508	78,557,586

第2章　経営革新計画承認で躍進している建設業の事例

・ローン金利の優遇：優良住宅取得支援制度「フラット35Ｓ」

（4） コストパフォーマンスを高める革新経営の実践
① 商品企画の留意点

当社の革新計画は，土地を購入して，地域に合わせた仕様でエコシステムを標準装備したデザイナーズ住宅を企画・設計し，開発・販売することである（図表２－13参照）。

図表２－13　エコロハウスのビジネスプロセス

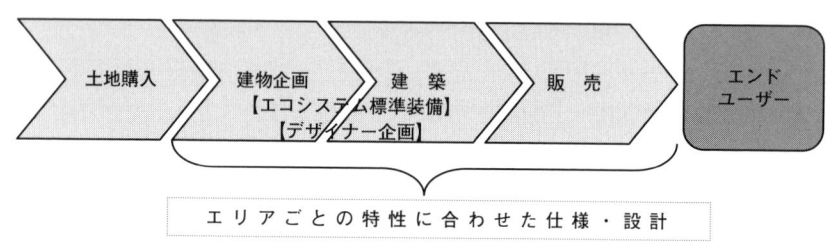

土地購入 → 建物企画【エコシステム標準装備】【デザイナー企画】 → 建築 → 販売 → エンドユーザー

（建物企画～販売）エリアごとの特性に合わせた仕様・設計

商品企画の視点は，ⅰ）環境に徹底配慮した住宅，ⅱ）デザイン・機能性の向上，かつ，従来の建売住宅よりコストパフォーマンスのよい経済性に優れた物件である。そのため，できるだけコストを抑えることや，環境対応補助金等の規制に当てはまることに留意した。

② Jeki企画コンペティションに協賛

「エコロハウス」を新商品として発売するにあたり，ブランド化やホームページの充実も図った。

また，「jeki企画コンペティション2009」のクリエイティブ部門に協賛し，CM作品を映像，企画書として募集した。優秀作品はホームページの中で紹介している。

※　jeki企画コンペティションは，（株）ジェイアール東日本企画が大学生・大学院生を対象に，広告コミュニケーション企画案を募集し，選ばれた優秀な企画の実現を目指すものである。

(5) 堅実に実績を積み次世代型住宅の普及を目指す

　経営革新計画承認は当社のブランディング政策の一環であり，その目的は達成した。「エコロハウス」（前掲），「㈱Promoters」の商標登録をして，ホームページや販促物などのロゴやイメージカラーを統一し，ブランド化を実現した。

　また，経営革新計画の認定を受けたことが，顧客からの大きな信用につながっている。

図表2－14　㈱Promotersの登録商標

PROMOTERS®

　不動産業は景気変動の波が大きく，事業規模の急拡大はリスクが高い。当社ではできるだけ借入を増やさず，回収した売上代金を次の事業資金に回す堅実経営である。

　また，薄利多売は避け，顧客満足度の高い事業で適正利益を出せる経営方針を貫く。

　「エコロハウス」の販売実績は着実に積み上がり，過大投資にならないよう健全に業績アップを実現している。創業時7名だった社員も平成23（2011）年は12名に増えた。

　平成23年の東日本大震災に端を発したエネルギー問題は追い風となる。太陽光発電，雨水再利用等を標準装備し，屋上緑化もオプションとした環境にやさしいデザイナーズ建売住宅は，時代のニーズに合っている。

　次世代型住宅販売はこれから本格化するだろう。

エコロハウスの実際例

6 内装解体から産業廃棄物処理一貫体制で発展する㈱ナンセイ

(1) 企業の概要

株式会社ナンセイは，総合内装解体業で新しいビジネスモデルを構築している。

建物内部の造作のみを解体し，その際に生じる廃棄物の運搬，処理までを一貫して行うほか，廃棄物の仕分けにより生じる有価物の販売まで行う。

大手流通業者などの顧客から信頼を集めて，急速に成長している。

【企業名】 株式会社ナンセイ	【代表者取締役社長】 稲福　誠
【設立】平成元（1989）年7月 【資本金】2,000万円 【従業員】129名（内非正規従業員17名） 【本社所在地】東京都江戸川区南葛西1-14-13 　　　　　　　シティパレス南葛西3F 【TEL】03-3877-5026　【FAX】03-3675-3716 【URL】http://www.nansei.jp 【業務内容】総合内装解体工事，産業廃棄物収集運　　　　　　搬・中間処理業	

稲福　誠社長

(2) 派生的下請け工事を一括請負のビジネスモデルに転換

デパート等の大型改善工事では内装工事はいわば取り掛かりの最初の工事であり，計画どおりに無事故で行われることが，工事全体の流れを決める極めて重要な工程である。しかし実態は，すでに業として確立された一般建築物の解体工事業と異なり，内装解体工事は内装仕上げ前の一派生工程という程度の認識で，あまり重要視されず，解体業務や廃棄物の処理について必ずしも専門的ノウハウを持たない内装工事業者がゼネコンから委託を受け，施工して他の収集運搬業者に廃棄物を委託することが多い。

当社はこれまで，下請け，孫請けとして内装解体工事の実績を積む中で，

最初の工程としての重要性を認識し，管理業務を伴う形で，内装工事とは分離した，「内装解体＋産業廃棄物収集運搬」として施主から一括請負することで，「早い・安い・高品質」を達成して顧客満足を大きく向上させるとともに，当社の付加価値の向上も図れると考えた。

（3） CM 管理の導入で，顧客満足の飛躍的向上を達成
① 従来方式の内装解体の特徴

従来は，内装解体や産業廃棄物の収集運搬を，個別に建設会社（ゼネコン）や内装業者から下請け，孫請けとして請負っていたため，各請負段階で発生する中間マージンが高コストとなるうえに，近隣対策・納期・廃棄物処理の面で緻密な対応が要求される解体現場において，施主とのコミュニケーションが不十分になりがちで，ニーズが必ずしも反映されないことが多かった。

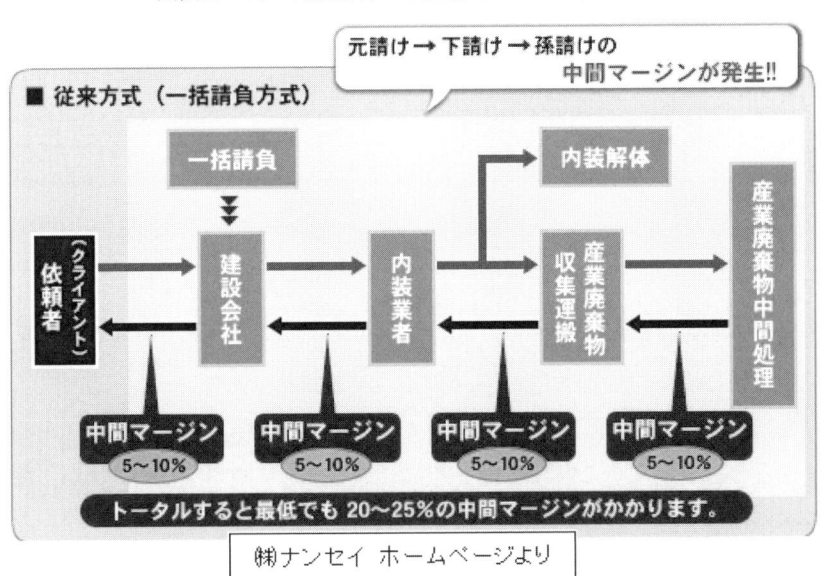

図表２－15　内装解体から廃業処理までの従来方式

② CM（コンストラクション・マネジメント）管理方式を採用した，新しいビジネスモデルの特徴
  ＊【内装解体，産業廃棄物収集運搬】の一括受注
  ＊【内装解体，産業廃棄物収集運搬】の施主からの直接受注
  ＊【内装解体，産業廃棄物収集運搬，産業廃棄物中間処理】
   3つの事業の一貫処理体制の確立

図表2-16　ナンセイのCM管理方式

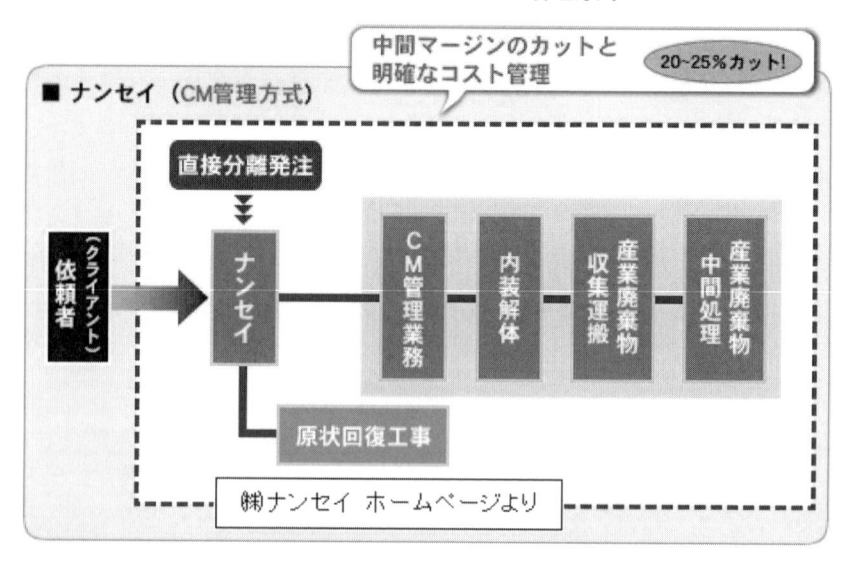

CM管理方式とは，発注者に代わり，専門家であるコンストラクション・マネージャー（CMr）が分離発注を前提として発注者の立場に立って内装解体工事から廃棄物処理，そして原状回復工事に至るまでの，各種マネジメント業務を提案し，その了解をもとに行う管理手法である。

建設会社が工事全体の管理を行い，個々の工事の把握が難しかった従来の手法とは違い，工事の内容とQCD（品質・コスト・納期）を明確にし，発注者が納得できる施工を達成する手段となる。

（4） 経営革新計画で，社員も仕事も生まれ変わった

① CM管理体制の確立と人材の育成

　経営革新計画の「"早い・安い・高品質"を達成して顧客満足を大きく向上させる」ための中核となるのが，内装解体→産業廃棄物収集運搬に対する管理業務の確立である。そのためにCM管理に習熟したマネージャーを育成し，現場に常駐させる体制を構築した。

② 内装解体・産業廃棄物収集運搬・産業廃棄物中間処理3事業の一貫処理体制の確立のための設備投資（千葉中間処理工場）

　経営革新計画の認定を得たことで，千葉県の産業廃棄物処理施設設置許可の取得がスムーズに進み，また，日本政策金融公庫より低利，かつ無担保融資が得られて，千葉県香取郡の中間処理工場の建設ができた。この結果，自社で収集運搬した産業廃棄物の中間処理を外部の業者に委託する必要がなくなり，本経営革新計画の目標の一つである一貫処理体制が確立された。

③ 「スクラップの中間処理」で経営革新計画の変更承認

　上記ビジネスモデルが軌道に乗ることで，産業廃棄物の取扱い物量が増えたため，平成19（2007）年，「スクラップ中間処理事業」を追加し，経営革新計画の変更申請を行った。

　これはスクラップ自体の仕分けに加えて，他社中間処理業者もあまり行っていないモーター等の分解作業によるスクラップ（鉄・銅・アルミ）の取り出しを行うことで，当社の付加価値の増加につなげるものである。

　東京都，千葉県，埼玉県において古物商の許可を取得し，自社収集分だけでなく，外部業者からのスクラップの売買を開始して，スクラップ事業の売上高を大幅に伸ばすことができた。さらに2・8月期に集中する内装解体工事の閑散期を埋める効果があり，経営の安定化ならびに付加価値の向上にも大きく寄与している。

（5） 顧客満足の飛躍的向上で，業績も大幅に改善

① 経営革新計画への取組みによる社内の意識変革

　従来方式では，内装解体や産業廃棄物の収集運搬を個別にゼネコンや内装業者から，下請け，孫請けとして請負っていたが，デパート等の大型商業施設に特化する中で，経営革新計画への挑戦を機会に自社の業務を顧客目線で見直すことで，CM管理による顧客からの信頼を確かなものとし，施主から直接受注できる企業になった。これまで関東地区を中心に全国で，大手流通業の商業施設の内装解体工事を数多く受注することができた。

② 経営革新計画承認取得による成果（業績面）

　平成17（2005）年の経営革新計画の承認以降，計画最終年度の平成22（2010）年度まで，この間にリーマンショックを経験しながらも売上は順調に右肩上がりを続け，当初計画の目標はもちろん，変更後の上乗せ計画の目標をも早々と達成して，平成22年度の売上高は平成17年度の4倍強の成長となった。

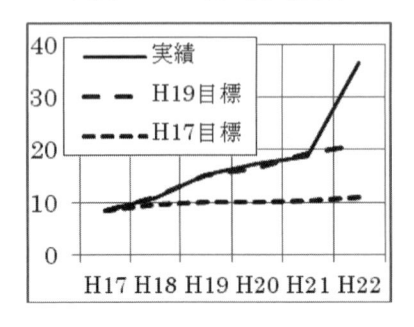

図表2－17　売上高（億円）　　図表2－18　付加価値額（億円）

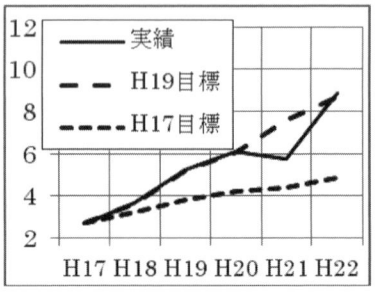

　これは直接的には，内装解体工事を，管理要素を加えてビジネスモデルにまで高めたこと，およびスクラップの中間処理という従来あまり注目されていなかった市場に目をつけたことによるものであるが，何よりも経営革新計画という制度を「機会」として徹底的に活用し，社内が一丸となって新しい事業のあり方を追求したことが大きかったといえよう。

第3章

経営革新計画承認で躍進している卸売業の事例

1 トータルビジネスサポートで躍進する㈱シービージャパン

（1） 企業概要

　株式会社シービージャパンは，㈱タイエイジャパンのインテリアや生活雑貨の輸入および卸・物流専門会社から自立をして創業された。常に新しいビジネス・新しい商品にチャレンジするという意味を込めた社是は「日新 日々新　又日新」。社名の由来は「Change & Basic」である。

```
【企業名】株式会社シービージャパン
【代表取締役】青木　宏
【設立】平成12（2000）年9月
【資本金】2億6,340万円　【従業員】26名
【本社所在地】東京都足立区梅島2-18-2
【TEL】03-5888-1051　【FAX】03-5888-1052
【URL】http://www.cb-j.com/index.php
【業務内容】トータルビジネスサポート業務
```

シービージャパン本社

（2） 経営の品質を上げる評価指標としての経営革新計画承認

　青木社長は，会社設立にあたり「ソーシャルな会社を目指すことを心に誓った」という。世のため人のために働き，すべての顧客に価値ある商品・サービスを提供し続け，社員をパートナーとして処遇し働く環境を整え，社会貢献できる企業を目指している。

　「社会貢献企業として会社の品質を上げる。その品質評価は誰がするのか？　帝国データバンクの評価もあるが，客観的な評価指標の一つとして経営革新計画承認を申請した」（青木社長）。計画は平成19（2007）年10月に承認され，平成22（2010）年10月には経営革新優秀企業として東京都より表彰された。更なる品質経営向上のために，平成23（2011）年3月にISMS／ISO27001，同年5月にはISO9001を取得している。

(3) "卸売業"から"トータルビジネスサポート"業への革新

　近年，さまざまな商品分野で，成熟化する国内市場や景気変動の中での消費低迷など，市場そのものが縮小傾向にある。商品の短命化や競争の激化などの経営環境の中で，当社は，「今後，卸売業だけでは市場が縮小し生きていけない」との結論を出した。そして，工場を持たないファブレス企業として，国内製造業のサポート業務を主軸の事業と位置づけたのである。

　商品を世に送り出すまでには，多くの企業が関わる。その結果，無駄なコストやリードタイムが発生する。また，一貫したコンセプトも希薄になり，当初の企画とは異なってしまう場合もある。

　このような問題を解決するため，"トータルビジネスサポート"（以下，TBSという）が生まれた。図表3－1に示すように，原材料の調達から生産，物流，販売までを総合的にサポートすることで，顧客のコストや手間を削減し，かつ消費者に最大限の価値を保った商品を提供するビジネスモデルである。「商品のゆりかごから墓場まで面倒をみる」（青木社長）ことで，関わる企業および消費者がWIN-WINの関係性を築いていく仕組みである。

　例を挙げると，通常，取引口座は1社に1つであるが，当社では，あるメーカーH社には5つの取引口座を持つ。代行営業，問屋業，物流，下請け生産，データ管理や請求代行など，取引口座ごとにそれぞれ別の業務を請負うことができるのだ。

　TBSメニューにあるサービスは単品ごとにさまざまな企業で提供されている。TBSでは流通ポジションに関わらないサービス提供を可能とし，新たな付加価値をつけた。

　当社は，商品企画・開発，メーカー，卸売，営業，物流，小売などの顔を持つ，ジャンルにとらわれない業態である。

(4) 革新経営を成功に導く経営資源の強化

　当社では，前述した社是のもと，次なる事業展開の発展のための経営資源

図表3－1 「TBS」のサポートメニュー

商品企画	情報収集
国内外の協力メーカー，工場と連携をとり，多彩なニーズに応える商品企画をご提供	さまざまな流通形態において情報収集，市場分析を行い"売れる商品企画"をご提案

海外生産（調達）	品質管理
アジアを中心とした，約15社の協力工場との連携による海外生産（調達）が可能	CB香港カンパニーをグループに有し，交渉・品質管理・輸出等の業務を円滑に遂行

物流	在庫管理
全国6カ所の配送センターを活用，共同配送による多頻度小ロット物流も可能	EOS受信からEDIシステムによる在庫管理／会計管理や物流情報など，ニーズに合わせた最適なロジスティックスをご提供

営業代行	販売
リテールに対して，営業ノウハウを最大限に活用，製造メーカー及び企画輸入メーカーの営業代行	お客様の生活情報を最短で収集するために，ネットを活用した販売と情報収集を行うことが可能

販売促進	アフターフォロー（検証）
店頭販売促進／企画書／POP等の販促支援をご提供	営業代行による販売のアフターフォロー（検証）が可能

出所：「株式会社シービージャパン 軌跡」5 P （㈱シービージャパン）

の強化を怠らない。

その一つが，事業の分離化とコラボレーション企業の拡大である。

平成13（2001）年9月には，メーカーの物流サポート業務を㈱シービーロジとして分社化した。他にも，Living Earth（ネット販売事業），CB香港，CBオーストラリアと4社のグループ企業がある。

分社化することにより，専門性を高めたサービス提供ができ，グループとしての相乗効果も高まる。

国内外の協力企業とのネットワークの拡大も図っている。調達から販売までのさまざまなニーズに応えたサービス提供が可能となる。

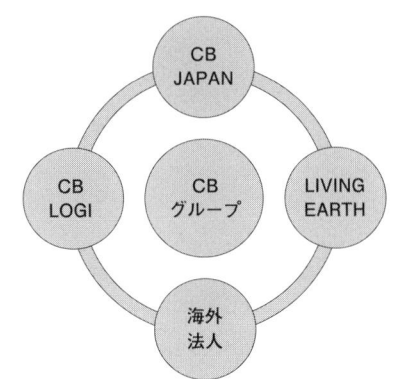

図表3－2　シービージャパングループ

出所：「株式会社シービージャパン
　　　軌跡」3P　（㈱シービージャパン）

もう一つ力を入れているのが人財育成である。

たとえば，新人社員は入社後3ヵ月間，社長との交換日記を課せられる。新人社員は1日を振り返りノートに書き込む。青木社長はすべてに目を通し，アドバイスを書き込んだり，業務知識などの学習に活用したりと，個々人のレベルに合わせた内容をやり取りしている。

また，中堅社員には，積極的に外部研修などにも参加させている。知識のみならず，他社の人々との関わりを持つことで，多くの情報を得ることができる。ネットワークづくりも狙いの一つである。

（5）　革新経営で企業成長は続く

当社の設立当時，青木社長と4人の社員は「10年後に上場する」と誓い合ったそうだ。9月の残暑厳しい中，汗だくになって，もらいものの机やイス，キャビネットなどを組み立てながら…。この誓いはほぼ目標どおりに達成さ

第2ビルショールームの一部

れそうだ。

　平成23（2011）年現在，グループ社員は30人を超えている。売上高はグループ連結で，平成22（2010）年度約34億円，平成23（2011）年度は38億円と伸び続けている。5年後には80億円を目指す。

　また，設立当初1,000万円だった資本金は，増資を繰り返して規模拡大を果たしている。経営革新企業認定後の平成20（2008）年には，中小企業投資育成資金の導入が図られたこともあり，今では資本金が2億6,000万円を超えている。

　平成23（2011）年9月には第2ビルが完成し，新しいショールームがオープンしたので，顧客への提案力がより高まる。

　平成23（2011）年度に海外展開をスタートさせた。3年後には，海外販売の割合を，全体売上の20％まで伸ばすと計画を描く。

　シービージャパンは，ソーシャルカンパニーとして革新経営をし続け，躍進し続ける企業である。

2　脱臭ビジネスに着目して市場開拓に挑むアイダッシュ㈱

（1）　企業概要

　アイダッシュ株式会社は，「悪臭のないさわやかで健康な空気環境を世の中に提供する」という事業コンセプトのもと，脱臭ソリューション専門会社として地道に，かつ着実に経営基盤を築いてきた。

【企業名】アイダッシュ株式会社
【代表取締役社長】一居勢治

【設立】平成16（2004）年4月
【資本金】2,500万円　【従業員】10名
【本社所在地】東京都台東区北上野2-6-4
　　　　　　　　上野竹内ビルアネックス8F
【TEL】03-6231-7517　【FAX】03-6231-7518
【URL】http://www.i-dash.co.jp/
【業務内容】脱臭・消臭製品及びその装置の開発・
　　　　　　設計・製造・販売等

一居勢治社長

（2）　大型装置の設計・施工を基盤に小型製品の開発・販売を目指す

　アイダッシュは，小さいながらも顧客の信頼が高く，ビルオーナー，ビル管理会社，ゼネコン，水処理メーカー，食品会社等の大手企業を顧客に持つ。
　しかし，大型装置の設計・施工は，先行投資額が大きく，その代金回収までの期間が長い。資金繰り的に厳しい状況が続いていた。そこで，手離れのよい活性炭などの材料販売の拡大や，小型製品を開発・販売したいという思いを込めた新5カ年計画を立てていた。
　おりしも，創業時からのパートナー企業よりその事業の一部を引き継ぎ，新たな脱臭技術・製品をラインに加えて対象市場拡大が可能となる。製品小型化と市場拡大により増収増益を目指した経営革新計画は，平成22（2010）年8月に東京都の承認を得た。

(3) 脱臭装置の小型化製品開発と対象市場の拡大による経営革新
① アイダッシュの強みとビジネス

「スーパーヨウ素炭」技術は，一居社長と樋口専務が前職時代に発明し，平成22（2010）年12月に特許が成立した。特許権は清水建設にあるが，アイダッシュが独占的に販売できる権利を持つ。

また，当社は，脱臭・消臭剤の専門メーカーとコラボレーションにより開発する製品を持つ。さらに，10の工種（※）にわたって建設関連の許可を持っている。

これらが大きな強みとなっている。

> （※）①土木工事業　②建築工事業　③大工工事業　④とび・土工工事業
> 　　　⑤電気工事業　⑥管工事業　⑦鋼構造物工事業　⑧塗装工事業
> 　　　⑨内装仕上げ工事　⑩造園工事業

事業内容は，活性炭や消臭剤の製造委託・販売，活性炭吸着式脱臭装置や光触媒の利用による脱臭装置の製造販売，機能水生成・供給などである。装置の設置工事やメンテナンスも行う。

実際の案件依頼を受けると，まず臭気の元となる物質や臭気の濃度などの調査を行う。そして，その対策方法や最も適した装置の提案などを行い，設計を行う。実際の装置の製造や施工は提携しているパートナー企業が行う。活性炭や消臭剤などの材料はパートナー企業に当社仕様で製造委託をし，当社が販売する。

② 経営革新のための7つの新規事業

当社独自の脱臭技術・製品を活かし，室内空間の空気質に対する新たな市場ニーズに合致した小型脱臭装置を開発し，活性炭や脱臭剤の販売拡大を目指す。そのために，新規事業を大きく次の2つに分類し，7つの事業を計画した。

- 室内の空気質改善：1）．室内ビルトイン対応「i-クリンキューブ」の設計・製造・施工。2）．二酸化塩素系脱臭・除菌溶液「i-フレッシュCD

図表3-3　アイダッシュの事業内容

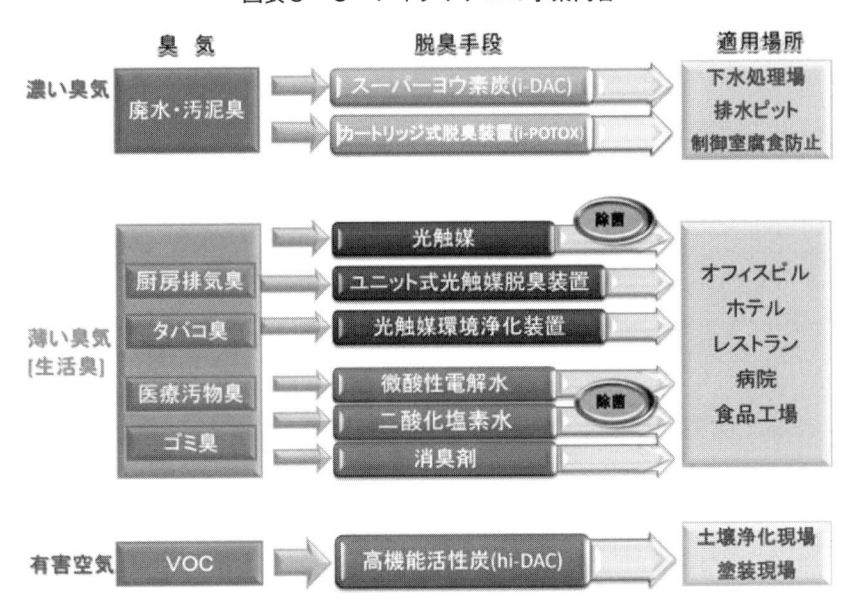

臭気		脱臭手段	適用場所
濃い臭気	廃水・汚泥臭	スーパーヨウ素炭(i-DAC) / カートリッジ式脱臭装置(i-POTOX)	下水処理場 / 排水ピット / 制御室腐食防止
薄い臭気[生活臭]	厨房排気臭 / タバコ臭	光触媒（除菌）/ ユニット式光触媒脱臭装置 / 光触媒環境浄化装置	オフィスビル / ホテル / レストラン / 病院 / 食品工場
	医療汚物臭 / ゴミ臭	微酸性電解水（除菌）/ 二酸化塩素水 / 消臭剤	
有害空気	VOC	高機能活性炭(hi-DAC)	土壌浄化現場 / 塗装現場

出所：アイダッシュホームページ

図表3-4　アイダッシュの脱臭装置のビジネスプロセス

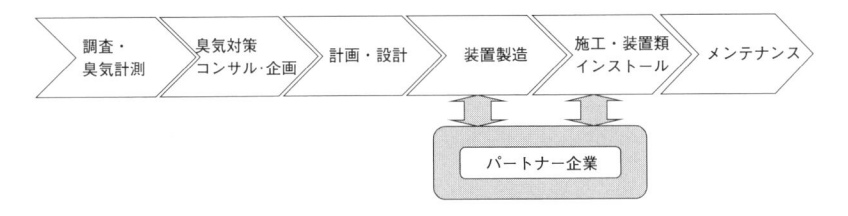

調査・臭気計測 → 臭気対策コンサル・企画 → 計画・設計 → 装置製造 → 施工・装置類インストール → メンテナンス

（装置製造・施工・装置類インストール ↔ パートナー企業）

－1」噴霧装置の製造・販売。3）．室内リニューアル工事への参入。
- ビル・工場の排気脱臭：4）．脱硫触媒活性炭「s-DAC」の販売。5）．円筒形カートリッジ式活性炭吸着装置「i-POTOX」の設計・施工。6）．店舗用厨房排気対応「ダクトイン型ｉ－クリンキューブ」の設計・製造・施工。7）．高濃度臭気に対応する脱臭装置の設計・施工。

（4） 新規事業にあたっての体制強化

　新規事業への進出にあたって，新たに社内人員を強化し，役割等を明確にして，体制を強化した。具体的には，室内の空気質改善事業，ビル・工場の排気脱臭事業などのプロジェクトごとに，プロジェクトリーダーや営業・企画・管理等の役割，メンテナンス要員を明確にする。柔軟で小回りの利くプロジェクト体制をとる。

　また，パートナー企業として，装置の製造会社や設置工事会社との連携強化を図っている。販売強化策としては，販売代理店となりうる企業との連携強化も図っている。

　こうした体制の強化とともに，リスクマネジメントの強化も不可欠である。当社は「脱臭サブコン」を目指しており，扱い商品によってメーカーの側面，商社の側面，請負業の側面を併せ持つ。これが多面的なリスクも抱える原因ともなるからだ。

　また，増加する新規取引先や新規顧客との取引に伴うリスクも増加している。日常的にリスクマネジメントを担う担当者を決めるとともに，リスクを整理・分析し，保全計画を作成する。常にビジネスリスクをチェックし，適宜対応できる体制としている。

アイダッシュの小型化製品例
　（左）光触媒タバコ臭脱臭装置（天井カセットタイプ）
　（右）ミスト噴霧装置

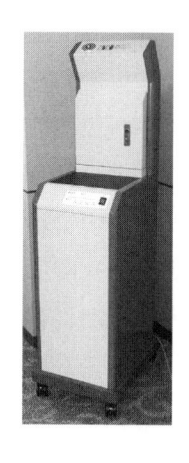

（5）「B to C」へ更なる市場拡大

　経営革新計画の期間は4年間。平成25（2013）年12月期の売上高は計画時の約3倍，付加価値額目標伸び率は166.3％である。

　計画達成に向けて，今までの大型の事業系市場（B to B）に加え，生活者市場（B to C）への販売拡大を目指す。一般消費者・一般家庭も含め，飲食店，ペット関連や介護施設，病医院関連など，悪臭のない空間を必要とするあらゆる生活に身近な施設への市場拡大である。B to C向けの主力商品としては，分解性脱臭除菌溶液（二酸化塩素含有溶液）「ｉ－フレッシュCD－1」である。

　革新計画推進にあたり，ホームページの改良も実施。今までのホームページは会社紹介程度のもので，新たに「WEBマーケティング」という視点でのリニューアルを実施した。

　B to C向けページを新しく増設したが，それに先立ち，従来のB to B向けページを強化。インターネットでの問い合わせや見積り依頼などを可能とした。また，悪臭の成分説明や特殊技術・商品の紹介も，より具体的にわかりやすくした。

　ホームページリニューアルの過程で，ロゴや商品名の表記もバラバラだったことが判明した。今後商標登録なども行い，イメージ統一を図り，ブランド確立を目指す。

　今後，健康志向・清潔志向が進み，臭いに敏感な生活者もますます増える。脱臭ビジネスに特化したアイダッシュの躍進に期待したい。

生活者市場向け商材
ｉ－フレッシュCD－1

3 新型インフルエンザ対策抗ウイルスマスクで成功した（株）セス

(1) 企業概要

株式会社セスはまだ新型インフルエンザが発生していない平成20（2008）年10月に経営革新計画の認定をとり，大至急で資金調達を行った。これにより抗ウイルス剤である一部上場のシキボウ社のフルテクを含浸させた新型インフルエンザマスクを中国で生産手配した。生産完了した段階の平成21（2009）年2月にメキシコで豚インフルエンザが発生した。日本に新型インフルエンザが入り込んだのが同年5月であり，世界的な流行であるパンデミックが宣言され，セスのマスクは猛烈な売上を達成するとともに，インフルエンザ対策に貢献できた。

【企業名】 株式会社セス	【代表取締役社長】 大野芳一
【設立】平成6（1994）年11月 【資本金】4,500万円 【従業員】10名 【本社所在地】東京都千代田区神田駿河台4-2-3 　　　　　　　プリザイド御茶ノ水ビル5F 【TEL】03-5296-2848　【FAX】03-5296-2849 【URL】http://www.ces-net.co.jp 【業務内容】日中輸出入事業	大野芳一社長

当社は日中貿易を中心とした輸出入や新製品の開発企画などの事業を行う。輸出は主として中国の科学技術館向けのプラネタリウムおよび電子映像の取引を行っている。平成19（2007）年に正式に調印した国立中国科学技術館向けプラネタリウム＆電子映像システムを五藤光学研究所が製造し，これを中国に輸出し，平成22（2010）年1月末に北京オリンピック村に完成させている。

輸入は繊維製品が中心で，主として杢糸，病院用リネン製品を取り扱っている。特に病院用リネンについてはシキボウの依頼で，中国にてリネンの抗菌加工を行っている。売上高は3億円〜5億円の間を推移していたが，利益率が悪いのが課題であった。

（2） 新型インフルエンザの世界的大流行を想定し経営革新計画に取り組む

① 経緯

大野社長は仕事の関係で40年以上の日中往来があり，シキボウの依頼で中国山東省でシーツ，包布，枕カバー，病衣等の抗菌加工を行って"コア・ノウハウ"であるシキボウの抗菌加工の管理ノウハウを持っていた。中国でSARSが流行したとき，これまでの抗菌加工技術を応用し，SARS，鳥インフルエンザ，花粉症に有効なマスクを製造できないか研究を重ねた。

平成17（2005）年末に，シキボウから新型インフルエンザ対応の抗ウイルス剤であるフルテクを使用した抗ウイルス性マスクを中国で試作するよう依頼があり，シキボウと共同生産，生産受託をすることとなった。

一方，シキボウは独立行政法人農業・食品産業技術総合研究機構　動物衛生研究所との共同研究により，鳥インフルエンザウイルスの感染価を99.9％以上低下させる抗ウイルス加工繊維「フルテクト」を開発した。

② 新型インフルエンザマスク開発への思い

国連，WHOは最早新型インフルエンザの世界的大流行（パンデミック）はIFではなくWHENの問題であると警鐘を鳴らしていた。

いつ来るかは誰にもわからないが，現在すでにその前触れと思われる現象が発生していた。すなわち，南半球でH5N1が流行し始めていた。ニュージーランドで鳥インフルエンザが発生し，アフリカのトーゴでも鳥インフルエンザ発生，養鶏関係者の80.0％が死亡（死者数は未定）した。新型インフルエンザのH5N1型は強毒性で全身感染を起こすことから，すぐにもマス

ク，食料などの備蓄をする必要がある。パンデミックが起きてからでは間に合わない。セスなどが活動することで，少しでも多くの企業，個人が，来るべき新型インフルエンザに備え準備をされることを希望するものであった。

　セスの経営理念は「世の中に貢献できる仕事をする」「三方よしの経営」であり，まさに抗ウイルス性マスクは当社の経営理念に合致するものであり，しかも当社にとって，課題の付加価値を向上できる，重要戦略開発商品であった。

　こうして経営革新計画の策定を平成20（2008）年8，9月に行い，10月に認定を受けた。

（3）　経営革新計画の内容
①　開発するマスクの仕様

図表3−5　抗ウイルス性マスクの仕様

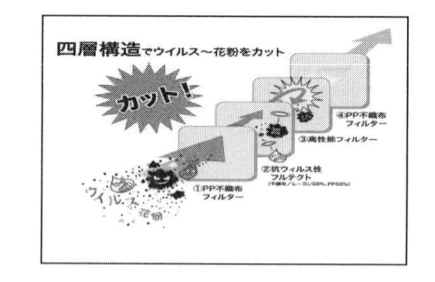

・PP 不織布フィルター使用
　（注）PP：ポリプロピレン
・抗ウイルス性フルテクト採用
・高性能フィルター使用
・PP 不織布フィルター使用
・四層構造でウイルス〜花粉カット
・鳥インフルエンザウイルスがフルテクトに付着するとウイルスの感染価を99.9％低下させることができる。

②　抗ウイルス性マスクの開発

　当社は加工機の概略設計をし，中国の機械メーカーで自社の要求に従って設計，製造ラインを構築してもらった。加工設備を合作工場に設置し，シキボウの技術指導を受け，セスと合作工場で共同生産をした。

③　抗ウイルス加工プロセスの開発

　抗ウイルスマスクで一番重要なことはフルテクト加工を完璧にこなすことである。したがって，当社からも加工期間中は社員（中国人）を中国の連携

図表3-6 抗ウイルス性マスクの開発工程

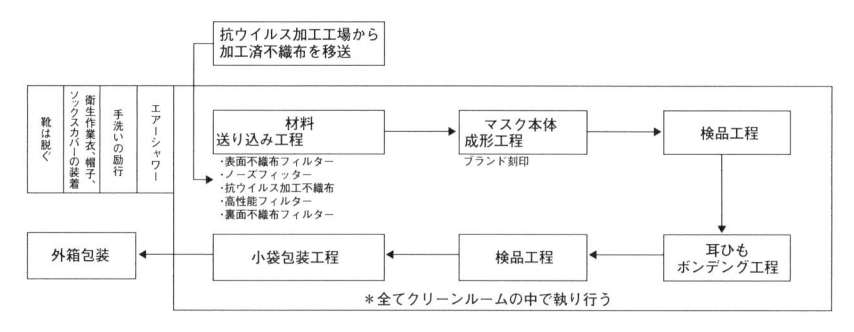

図表3-7 抗ウイルス加工プロセス

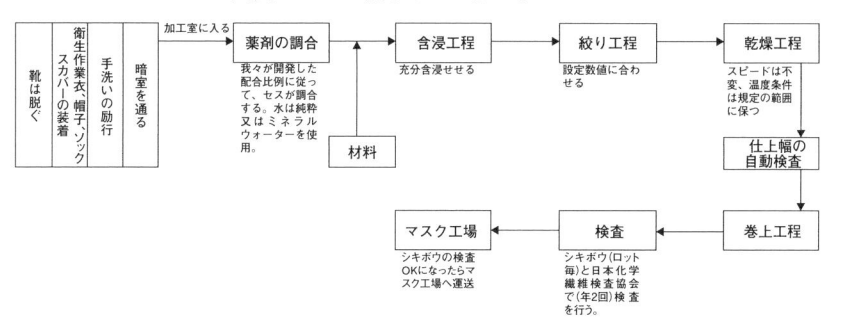

工場にはりつけ、共同で作業を行う。

④ 販売促進活動の強化

1） 直販活動の強化

　人員を1名増員し、直販活動を重点的に活動させる。直販：キヤノン、パナソニック、日立、ダイキン、キグナス石油等の大企業の総務部門と折衝する。

2） 大口チャネルおよび代理店の国内販売の強化

　既存代理店と大企業系列の大口チャネル（三菱鉛筆、ウェルシア関東等）を開拓する。

3） 販促プロモーション

　　・ホームページの改良（中国および鳥インフルエンザ最新事情に特に力

を入れ極力新情報を提供し，フルテクトマスクの紹介に引き続き新型インフルエンザ対策等を紹介する。)
・展示会，広告等：展示会はかなり販促に役立つので，積極的に参加する。

(4) マスクの開発・生産は新型インフルエンザの発生前に実施できた

① 資金調達ができた

経営革新計画承認後すぐ金融機関と折衝し，5,000万円の融資を受け，革新計画どおりの新型インフルエンザ対応のマスクの生産準備から生産に入った。この時点でまだ新型インフルエンザは発生しておらず，代表取締役の大野氏は迷うことなく計画どおりに実践をしていった。

現在も時々新型インフルエンザの発生に関して迷うことがなかったかとよく伺っているが，大野氏は新型インフルエンザに関して，長年の情報収集と研究からすぐ起きるとの確信を持っていたとのこと。さらに強毒性の鳥インフルエンザがエジプトや東南アジアで頻発している。鳥から人への感染は発生しており，いつ人から人への感染が起きてもおかしくないと警鐘を鳴らしている。

② 急激な売上増加で収益面と財務的な改善ができた

新型インフルエンザは平成21（2009）年内で流行が落ちつき，これに伴いインフルエンザマスクの売上も同年10月以降急激に低下しだした。しかし，当社の同年10月期では，売上高11億円で，経常利益1.2億円を達成し，一部の不良性のある棚卸資産を4,000万円損失処理して，純利益9,000万円を実現した。

これらは会社設立以来初めての実績である。しかし，次の年度からは一過性のマスク売上は減少し，従来の取引案件で5億円程度の売上の決算に戻っている。インフルエンザの研究と対策は続けながら，対中国貿易面で可能性

ある新事業を立ち上げている。

③　東京都へ経営革新計画のお礼ができた

　大野社長から「経営革新計画のおかげで，このような収益面の実績が達成でき，社会への貢献ができた。ぜひとも東京都へお礼をしたい。何か方法がないだろうか」と筆者へ問いかけがあり，東京都産業労働局経営支援課へ相談した。これにより東京都から緑の基金へ30万円寄付することができた。また産業労働局長や商工部長からセレモニーの場を設けてもらい，丁重なお礼がなされた。

　世の中に貢献できる仕事をする"三方よしの経営"の大野氏の経営は，また次のヒットを飛ばすことができると期待される。

4　塗装業より環境企業へ経営革新を図った㈱松茂良

(1)　松茂良の概要（2011年9月現在）

株式会社松茂良は，昭和54（1979）年に先代が創業した個人企業を現社長が承継し，昭和61（1986）年有限会社化，平成元（1989）年の株式会社化を経て今日に至っている。当社は特殊塗装を得意とする企業であり，外壁改修工事を中心に大手建設会社の下請けとして，キヤノンの工場塗装，大型水道タンク外壁塗装など，東関東地区を中心に営業展開している。

【企業名】 株式会社松茂良	【代表取締役社長】 松茂良興宜
【設立】昭和54（1979）年　【資本金】1,000万円 【従業員】7名 【本社所在地】東京都港区東麻布1-4-3 　　　　　　　　木内第2ビル5F 【TEL】03-3560-3866　【FAX】03-3560-3866 【業務内容】塗装業	

松茂良興宜社長

当社は新規事業として，バイオマス（有機廃棄物）を活用したバイオマス温水給湯装置 MG22-bm の開発に成功し，塗装業より環境企業へと第二創業を果たしたアグレッシブな企業である。

(2)　新規事業進出を目指し経営革新計画の承認を取得！

建築不況により，建設工事市場の縮小が未だ続いている。日本建設業界の調査によれば，わが国建設工事市場は，平成15（2003）年度55.2兆円，平成22（2010）年度47.3兆円，平成32（2020）年度では42.7兆円と今後の改善は見込めない状況にある。当社は創業以来30年余り塗装工事に専念してきたが，この建設不況には回復の兆しはなく，松茂良社長は塗装事業のみでの事業継続は困難と判断し，社会的要請の高まりとともに市場規模が飛躍的成長を続

ける環境市場への転身を決意した。しかし，環境市場へ供給する新製品開発には資金面での課題があったため，経営革新計画申請を決意，平成23（2011）年7月承認を受けるに至った次第である。

（3） 地球環境保全に貢献する製品の開発・販売を新規事業の柱として！
① 計画の概要

当社経営革新計画（以降，計画という）の主たる内容は，MG22-bmの開発と販売である。計画の内容に入る前に，バイオマスおよびMG22-bm動作原理等を簡単に説明する。

バイオマスとは，光合成により作り出される生物由来の資源のことで，木材やサトウキビ等の植物がその代表的なものである。石油などの化石資源と異なり，バイオマスは太陽と水と炭酸ガス，そして植物がある限り永遠に作り続けることができる特性がある。

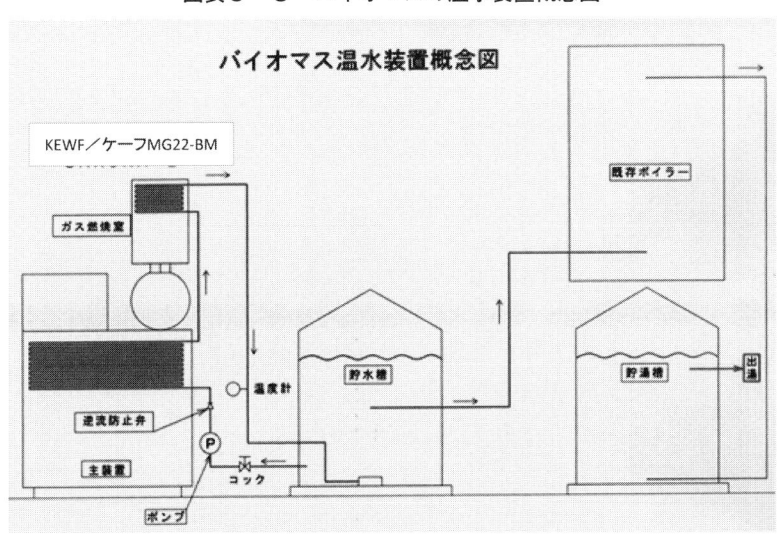

図表3－8　バイオマスの温水装置概念図

MG22-bm は，このバイオマスを燃焼させるのではなく，磁力を活用してイオンを作り出し，イオンの強力な酸化作用にて発生する酸化熱を集熱し，この熱によりボイラー貯水槽を加温する。

従来給湯用ボイラーは，灯油等の化石由来燃料にて貯水槽の水を加温する。一方，MG22-bm はバイオマスを活用して貯水槽を直接加温することから，既設ボイラーでの給湯用灯油の節約と CO_2 発生抑制を両立させた画期的な給湯装置である。

② バイオマス炭化技術に関わる特許の取得

新規事業者が市場で優位な事業展開を図るには，自社独自技術・独自ノウハウ所有が基本セオリーである。当社においても，経営革新2年目の商用機販売開始前までに，特許成立がビジネス成功要因の一つであるとして，「特願」による初年度成立に注力することとした。

③ 実証実験に基づく商用機の開発

バイオマスをイオンの力で炭化する際に多くの熱が発生することは知られていたが，商品化には実証機で動作実証する必要があった。

MG22-bm はリゾート地・寒冷地での活用が見込まれていることから，実証実験は敢えて厳寒地にて行った。これが，商用機開発で必要となる集熱技

製造中の実証機 　　　　　　　　実証実験の現場

術について，当社は貴重なデータを得ることになる。

④ 事業体制の構築

当社の本業は塗装業であるために，MG22-bmの開発・販売および流通の社内体制は保有していないため，計画2年目早々には事業体制を構築する必要があった。しかし，当社は新規事業で開発費等へすでに多くの投資を行っていた結果，社内にこれらの組織を設けることは固定費の上昇を招き，事業失敗リスクが高まるため，計画では，製造委託，成功報酬制営業体制の構築，地域ディーラーへの卸を基本方針として，事業体制構築を進めることとした。

（4） 経営革新計画2年目からのMG22-bm 一般販売を目指す！

① バイオマス炭化技術に関わる特許取得の実現

MG22-bmは，強力な磁気の力を活用してイオンを発生させ，イオンの力でバイオマス炭化の際に発生する熱を集熱して原水を加温するものである。MG22-bmの中核技術は，磁石の取り付け位置と磁場であり，これに関する特許を平成23（2011）年7月に取得した。これも，経営革新計画策定に際して実施したビジネスレビューで，本特許の位置づけと事業における特許の位置づけを明確にして取り組んできた効果である。

② ダイオキシン処理装置を活用した商用機の短期開発

商用機は当初自社開発を計画していたが，実証実験で性能が確認され，市場より早期販売の声が多く寄せられた。当社にとり，商用機の短期開発・販売が事業遂行上の命題となった。

これについては，類似製品に，実証実験ノウハウを活用し，配管配置見直しおよび消臭消炎装置の排気コントロールや大型化等で，所定加温能力とバイオマス処理能力を持つ商用機の短期開発を実現した。

③ 政府施策を活用した市場開拓と事業体制の整備

環境省の施策である「平成23年度小規模地方公共団体対策技術率先導入補助事業」では，温室効果ガス50％以上を削減する機器を導入する場合，導入

自治体に対して導入費用の2分の1が補助対象となる（平成23年末現在）。MG22-bmは上記補助金対象を目指して開発したものであり，補助金と燃料節約費と有機廃棄物処理費用削減の併用により，小規模自治体でも導入効果が得られることから，市場は急速に広がりをみせた。

事業体制構築では，環境団体からの支援および経営コンサル会社との提携，販売代理店の整備等により短期構築を図り，平成23（2011）年9月より販売を開始した。

これも，松茂良社長の事業に対する熱意とリーダーシップによるものである。

MG22-bmの外観

（5） 経営革新計画は事業の一里塚，次の高みを目指して！

① 環境企業への転身成功

平成24（2012）年度のMG22-bmの受注台数見込みは2桁が見込まれており，予想売上高は前年当社塗装事業の2倍を見込んでいる。松茂良全体の売上では前年の3倍が見込まれ，塗装業より環境企業への転身を成功裏に果たす見込みである。

② 今後の躍進に向けた活動

当社には，製品のブランド化や市場での優位性構築，社内体制の整備など，なすべきことは山のようにある。松茂良社長は，経営革新計画の残り2年間にこれら課題を解決する方針であり，知的資産経営報告書の公開，周辺特許の取得，事業継続計画（BCP）整備を進めるほか，中期事業計画を第三者の目から評価を受け事業推進を盤石なものとするため，J-NET21での事業計画レビュー受診も計画している。

5 環境にやさしいアスベスト工法普及で躍進を図る
   (株) ウイズユー

(1) 山川社長の優れた時代を見る目

　山川社長が株式会社ウイズユーを人材派遣業として立ち上げたのは平成2 (1990) 年12月だから，今から21年前のことである。当時憧れの職業だった全日空のキャビンアテンダントからリクルートに転身し，そこで人材派遣の仕事を手掛けてからの独立であった。

　バブルの真最中であり人材の需要は腐るほどあった。特別な営業活動をしないにもかかわらず，立ち上げ当初より数十人の人間を派遣した。

　当時はワープロからパソコンへの移行期であった。それにいち早く目をつけ，OAオペレーターを東芝へ派遣した。

　その後，バブルがはじけ人材派遣業も先細りになり，新規事業を考えたときにふと思い出したのが，次男がアトピーに苦しめられていた頃，建物や住まいの湿気やカビが体に悪いということで熱心に研究したことである。

　そこで改めてカビについて模索し始めた。その折りに出会ったのが，建物のカビの除去を専門に研究しモルテック工法を開発，経済産業省から特定新規事業の認定を受けていたモルテック社である。

【企業名】株式会社ウイズユー
【代表取締役社長】山川通子

【設立】平成2 (1990) 年12月
【従業員】3名
【資本金】1,500万円
【本社所在地】杉並区井草1-2-11　1-D
【TEL】03-5303-5640
【FAX】03-5303-5641
【URL】http://www.withyou8.com
【業務内容】塗料卸売業

ミストをチェックする
　山川通子社長

山川社長はモルテック工法に使用する薬剤の販売を手掛けることにし，試みに78の企業を選んでDMを送ってみた。予期もしなかったことだが，そのうちの40社が「興味あり」などの返事を寄せてきた。その中にはミサワホームやキューピーなど有名会社もあった。山川社長は改めてカビに困っている企業が多いのに驚くと同時に，「これはいける」と直感したという。

　ちなみにモルテック工法による施工実績は，現在までに1万件を超えた。その折にはこの薬剤が必ず使われており，代理店は80社に増え，今でも当社の柱の事業になっている。

（2）　経営革新でアスベスト対策事業へ参入

　塗料は内装や外装工事に使用されるので，やがて施工へ足を踏み入れることになった。その折に必要になったのがアスベスト対策である。

　アスベストは耐火・耐熱・絶縁性に優れているところから，一時は盛んに資材として使われていた。しかし，粉塵を吸い込んだ人々に多くの患者が出て，大きな社会問題になり，使用が禁止されたのは周知のとおりである。

　しかし，1990年代の初めまではアスベストは盛んに利用されたので，建物の解体処理や修理の折には，アスベスト対策が必要になる。

　工事の方法としては除去工法・封じ込め工法・囲い込み工法の3つがある。除去工法でアスベスト自体を除去する方法はアスベストの飛散が多い，別途に耐火性の確保が必要，作業できない箇所がある，廃棄物の量が膨大などの難点がある。

　一方，従来の封じ込め工法は作業員の安全確保や建物の隅などの作業が行いにくく仕上がりが十分でないという問題が残る。囲い込み工法は処理後の利用者の接触に対して配慮が必要で，実際にはこちらも問題になっている。

　山川社長はこのような現状を改善することに強い関心を持ち，いろいろと模索の結果，独立行政法人宇宙航空研究開発機構（以下，JAXAと呼ぶ）が持つJETエンジンノズルのライセンスの独占的通常実施許諾を受けるこ

とに成功した。そしてこのノズルを使った無人自動噴霧器を開発し、アスベスト封じ込め工法に利用することとした。

この自動噴霧器を使用すると無人で施工ができるようになるので人体への影響が排除できるうえ、従来の工法では施工が困難だった天井裏やエレベーターのシャフト内など細かいところの工事が可能となる。これによりアスベスト対策は大きく進展することになった。国土交通省もこれを高く評価し、大手町合同庁舎3号館の仕様書に明記されることとなり、アスベスト事業も軌道に乗るきっかけとなった。

さらに当社ではこれと並行して噴霧器に使用する「封じ込め剤」を開発し国土交通省の大臣認定を取得した。この辺の事業展開の目のつけどころがすごい。

アスベスト封じ込め対策工事

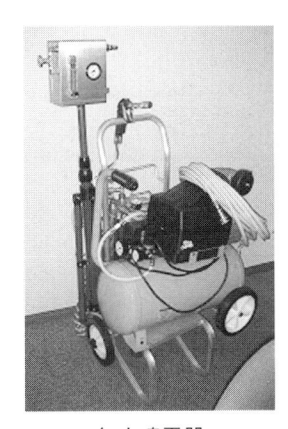

無人噴霧器

JAXAから使用権を受けたノズル

当社ではこれをもとに経営革新計画を申請することにし，平成22（2010）年2月に承認を受けた。その後，国土交通省新技術情報提供システム（NETIS）にも登録され，一般にも広く知られるところとなった。

当社のビジネスは無人噴霧器とそれに使用する封じ込め剤の販売になるが，販売のベースになる工法の普及により販売額は増加し，噴霧器の販売数は現在までに2,200個に達した。

また卸売価格も当初1台120万円したものが，その後コストダウンに成功し，現在は30分の1以下にまで低下している。

現在，抱えている大きな案件としては横浜市西区の総合庁舎や，広島バスセンターの駐車場改修などがあり計画も順調に推移している。

なお，一度手掛けた工事の施工はリスクが大きいことがわかったので撤退している。このあたりにも確かな見極めと優れた決断力が発揮されている。

横浜市西区総合庁舎　　広島バスセンター駐車場

（3）　新たな取組み—太陽熱高反射率塗料

山川社長がアスベスト工法に取り掛かる以前のことになるが，薬剤の販売だけではつまらないとの思いで，独自に太陽熱を反射する特殊塗料の製造を手掛けていた。ヒートアイランド現象に伴い熱を遮断する塗料がこれから重要になるとの考えからである。

現在は，兄弟会社の（株）日本プロツバルと組んで種子島宇宙センターの

建物や，原子力発電所の外部に塗る塗料を受注している。特に近年，各企業の節電対策に伴い，工場や公共施設などの受注も増え，本塗料の販売量も順調に推移している。

なお，余談だが平成23（2011）年3月に起きた福島第一原子力発電所の事故により，無人噴霧器に使用しているノズルが大きな注目を浴びている。電力不足をカバーするため，ここから出るミストを冷却用に使う試みである。ホームページを見た企業から工場内部での冷却や加湿に使用できないかとの問い合わせを受けたり，夏のイベントでは会場にこれで水を散布したいとの要望などで，当初考えもしなかった受注ではあるが，一つのノズルが節電対策にも役立つことに大きな驚きを覚えているという。

（4） ここまできた秘訣

山川社長のなみなみならぬ時代のニーズを先読みする力，JAXAや国土交通省など通常の男性でも最初は尻ごみするような大きな役所など，どこへでも出かけていく行動力とエネルギー。これが再三の停滞を乗り越えて当社をここまで持ってきた第一の原動力であろう。

種子島宇宙センター

また，仕事熱心である。派遣業の一時期にはゴルフが仕事というぐらいゴルフをしたが，塗料を始めてからは今に至るまで一度もクラブを握ったことがないという。平日は外で人に会うことが多いので，土曜日には書類に目を通すため出勤することが多い。

子育てで大変だった時期には，幸いにも同居していた母親が助けてくれた。「ご主人は何も言われなかったのですか」と尋ねると，「一時期は離婚の危機もありましたが，今は年も行ったので，諦めたのでしょう」と笑った。

第4章 経営革新計画承認で躍進している小売業・飲食業の事例

1 顧客と深くつながる仕組みで囲い込みを図る
㈲ファイエット

（1） 企業概要

　有限会社ファイエットは平成18（2006）年7月に資本金800万円で創業し，香川県東かがわ市に本社を置く。

　従来，ニット製品の製造卸売業として事業展開してきたが，請負製造業のままでは今後は生き残れない，という危機感からオリジナルブランド「ファイエット」を立ち上げ，企画から生産・販売までを独自で行うダイレクトマーケット事業を展開してきた。

【企業名】 有限会社ファイエット	【代表取締役社長】 河口浩明
【設立】平成18（2006）年7月　【資本金】800万円 【従業員】5名 【本社所在地】香川県東かがわ市大内200番地14 【TEL】0879-25-1375　【FAX】0879-24-3775 【業務内容】ニット製アウターシャツ類製造業	

河口浩明社長

（2）　強みを最高に活かす経営革新に取り組む
①　東京進出失敗で経営革新に取り組む

　関連会社は，繊維加工業の城下町に立地し，長年ニット製造工場として編機や工具を維持管理しながら運営してきたが，中国などの海外生産へとシフトする取引先が相次ぎ，商社・アパレルからの請負製造業として事業継続するには市場獲得が困難になってきた。

　そのため，企画・販売のノウハウを集結させた「ファイエット」を設立し，東京での営業拡大を試みた。平成17（2005）年2月，東京での営業スタッフを3名現地採用し，新規取引件数の拡大および売上の増加を目的とした営業所を都内恵比寿に開設した。しかし，これまで行ってきた訪問営業を中心と

した丁寧な細やかな営業スタイルに反し，営業所への来店を促すこのやり方はまったく効果が得られず，運転資金（家賃，人件費，販促活動費）のみが相当流出した。

　結果として平成18（2006）年5月に閉鎖するまでの間，大きな損失を出してしまい，その期の決算は相当額の赤字を計上した。事業立て直しが急務になり，経営革新を推し進めることが必須になっていた経緯がある。

　② **オリジナルブランド「ファイエット」への構想**

　窮境状況の中，当社事業の強みを最大限に活かした事業内容に再構築していくためには，経営革新の新規事業3ヵ年計画でアウトレットブティックを軌道に乗せるということは，当社の経営理念「ブランド作りに自分を生きる」を実現するうえで，大変重要な役割を担っていた。

アウトレットブティック店内風景

　また，高感度で心豊かなライフスタイルの提案までを目指すファイエットブランドは，衣・食・住と幅広く商品を扱い，生活文化創造業としての発展も長期計画化されている。インターネットでは，ニット製品修理サービス提供サイト「これで安心！　ニット119番」を開設し，全国の一般消費者への普及を目指しながら，サイト上の顧客に対して製品紹介および販売にまでつなげていく仕組みを構築した。

　これらの仕組みを総合的に組み立てた経営革新計画策定は，平成21（2009）年6月（3年計画）に計画認定を受けた。

(3) アウトレットブランドの確立で経営革新

　新規事業の取組みは，アウトレットブティック・ファイエットの開設により，川上である地元製造グループから川下であるエンドユーザーまでを囲い込む，独自のファイエット流サプライチェーン支援サービス網を確立させることであった。新規事業の展開を具体的に示したものが図表４－１である。

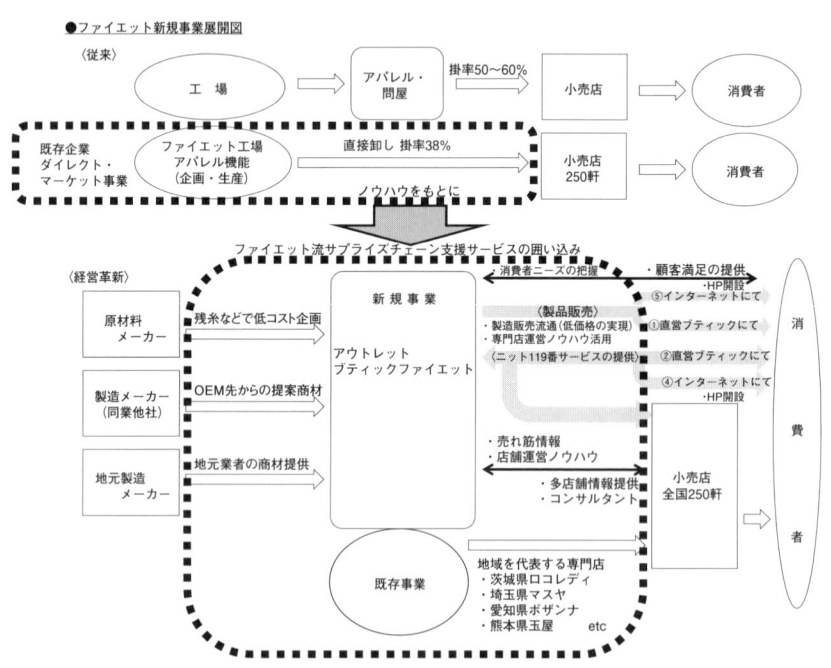

図表４－１　サプライチェーン事業展開図

●ファイエット新規事業展開図

〈従来〉
工場 → アパレル・問屋 → 掛率50～60% → 小売店 → 消費者

既存企業ダイレクト・マーケット事業：ファイエット工場アパレル機能（企画・生産） → 直接卸し 掛率38% → 小売店 250軒 → 消費者

ノウハウをもとに

〈経営革新〉
ファイエット流サプライズチェーン支援サービスの囲い込み

- 原材料メーカー　──残糸などで低コスト企画──→
- 製造メーカー（同業他社）　──OEM先からの提案商材──→
- 地元製造メーカー　──地元業者の商材提供──→

新規事業　アウトレットブティックファイエット

・消費者ニーズの把握
〈製品販売〉
・製造販売流通（低価格の実現）
・専門店運営ノウハウ活用
・ニット119番サービスの提供

・売れ筋情報
・店舗運営ノウハウ
・多店舗情報提供
・コンサルタント

・顧客満足の提供
・HP開設
⑤インターネットにて
・直営ブティックにて
②直営ブティックにて
④インターネットにて
・HP開設

小売店 全国250軒 → 消費者

既存事業　地域を代表する専門店
・茨城県ロコレディ
・埼玉県マスヤ
・愛知県ボザンナ
・熊本県玉屋　etc

　既存のダイレクトマーケット事業で培ってきた，ローコストオペレーションシステムと独自のノウハウや技術をそのまま生かした高品質で豊富な商品群を，アウトレットブティック・ファイエットにて，直接エンドユーザーに低価格で販売していく。

　従来のニット製造業の職人と技術を生かし，ニット製品の本格的修理・リフォーム事業を強化すると同時に，製造業者をコントロールする。

原材料メーカーの糸や生地などの余材を使い，OEM依頼先製造業者の閑散期に低コスト商品を企画するなど，川上の製造グループをコラボレーションさせながら，製品を価格以上の満足に仕上げていくスキームを組み，経営革新を推進していくこととした。

(4)　「取引先専門店の後方支援」経営革新
①　既存取引先との関係性強化
ダイレクトマーケット事業は，東京恵比寿からの撤退に伴い既存取引先との関係性強化が最大の課題であったが，結果として全国280社との取引を実現させるまでに至り，請負製造業からの完全脱却ができた。また，サイトを立ち上げるまでに至った本格的ニット修理サービスは，カシミヤなどの高級素材を扱うブランドがアフターメンテナンスまで完全に責任を持つという姿勢の明示につながり，取引先専門店の後方支援サービスとして，絶大なる賛同と信用をいただいた。

②　ファイエット流サプライチェーン支援の実践
修理事業のみで採算を取ることは非常に難しいため，ライバル会社出現の可能性が低い部分をあえて開拓した。専門店の後方支援として店頭で要求された商品をクイックに製品化させて対応するなど，大手アパレルがやりたがらない販売方法を実現した。

(5)　地元業者と組み他社より優位に立つ
①　地元手袋等製造業者との取組み
地場産業である手袋，鞄などを扱う業者においては，当社にとってむしろ取引先になりうる。品質レベルが確保されるのであれば，ニット製品とともにラインナップして市場に流すことが可能であるため，協同関係を築くことができた。

売れ残り品・傷物，低価格の中国製品卸業者が直販したりしているのでは

なく，本格的なサプライチェーン構築を目指し，生涯顧客囲い込みのスキームを持ったアウトレットは，希有な存在である。

② **同業他社と比較した場合の優位性**
- 量販店は，紡績の質の違いが明らかで，高品質仕様にこだわっている。着衣してみると理解できる品質なので，販売店も取り扱いしやすい。プライスラインはミドルアッパー以上の設定だが，顧客からの満足度はとても高いので，マーケットポジションは価格訴求量販店の対極となる強いところで展開できる。
- 百貨店・専門店では，セール時期以外は上代を下げられず，修理方法含めニット製品のノウハウが乏しい。百貨店で揃えきれない商材も当社では取り扱うことが可能である。また，デザインの情報収集から製品化，流通させるまでのリードタイムが短いことも優位である。
- 低ネット掛率の実現により，専門店はバーゲン販売を含んでも確実に粗利40％以上が確保できるように取引条件が設定されている。他社アウトレットと比較してみても，戦略的で確実に利益を上げられる仕組みが構築できている点が，他には見られない独自の形態を生み出している。
- Webサイトについても，販売サイトは多く存在する一方，修理サイトは手間がかかるため，大手は参入しづらい。全国的にみても，修理は片手間運営している事業者が大半で，リテールサポート機能を有し，消費者と製造業者をつなぐサプライチェーン構築を具現化している修理サイトは当社の「ニット119番」に限られるのではないか。

当該スキームをうまく活用できることで，顧客満足を向上し，価格訴求力も相まって，順調な経営推移を示している。大手アパレルや量販店が入りこめない戦い方で，サプライチェーンシステムを実現できた。

2 経営指導からマーケティング代行業に革新した (有) ビーウィッシュ

（1） 婦人服地の企画販売会社からコンサルタント業に革新

　有限会社ビーウィッシュは，現在の本業は経営コンサルタント会社であるが，中小企業診断士の資格を取って経営コンサルタントを開業というコンサルタント業が多い中で，一風変わった生い立ちの経営コンサルタント会社である。

　当社の社名はなかなか意味がある。それは創業のモットーを「美を願う」と決めたことから，これを英語に置き換えて「美＝Be」を「願う＝Wish」でこれを組み合わせビーウィッシュとしたという，コンサルタント会社にふさわしいユニークな命名なのである。

　当社は平成14（2002）年に，中京地区で有力な婦人服地の企画販売会社「アイテーオー」の事業部として設立された。当初はスペインの特殊製法のシームレスのショーツ，トップスなどの販売と，併せてアパレルの輸入販売，メーカーのOEM事業を行い全国の有力メーカー，商社300社との取引実績があった。

　平成15（2003）年に入ると，IT時代の到来に着目しインターネットによる婦人下着のB to Cに乗り出し，ここで培ったネット販売のノウハウを活用して平成19（2007）年に「新製品・サービスの企画・インターネット販売のコンサルティング事業」に参入し，現在は［美と健康を事業］をドメインとして販売支援（ブランディング・マーケティング・販売促進・営業教育）のコンサルティング事業を行っている。

（2） 提案システム実現のため指導から代行に乗り出す

　経営革新に取り組むことになった動機は，従来の繊維関連業とまったく異なる名古屋に本社を持つミネラルウォーターの「ウォーターサーバー」メー

カーから支援の依頼があったことからである。当社も創業は名古屋であることから，当社の「実践的指導をするコンサルタントの実績」と評判を聞いて依頼に来たのである。

　話を聞くと，対象新製品は，水道水を特殊装置で浄水し，ミネラルウォーターに近い高品質の水に変えるウォーターサーバーで，その販売システムの構築・導入，普及ということである。従来のウォーターサーバーは買い取り価格25万円，ミネラルウォーターは12リットル1本1,200円で，家庭でも月に4～5本消費し，月5,000～6,000円はかかる。

　これに対し，新製品はリース制でリース料は月間7,800円，このミネラルウォーターに近い浄水は元が水道水なので月額500～600円と極めて低廉で済み，気になる価格ではない。しかも消費者は健康への関心が高まり，ミネラルウォーターの需要は急激に高まってきている。

　コンサルタントとして取り組むのは社会的にも意義のあるビジネスだし，またビジネスとしても現在のマーケットは500億円といわれているが，近い将来2,000億市場が予想され，将来性がありやりがいのあるビジネスだと考え，依頼を受けることにした。

（3）　経営革新計画はマーケティングの代行実践

　ビーウィッシュはこの支援活動をコンサルタント支援として受けるのではなく，販売代理店として契約し，新しい事業部門として企業活動を展開し，そのうえでノウハウを開発し，全国展開の支援をすることにし，とりあえず関東地区の代理店契約を結んだ。

　代理店としての事業の展開に際して，東京商工会議所のアドバイザーに相談をしたところ，これは「新商品を，新しいチャネルに，新しい販売方法で売り込む」という営業活動なので，中小企業政策として推進している「経営革新」に相当し，経営革新計画を作成して承認を受ければ，経営計画実現の支援，金融支援なども受けられるということであった。そこで経営革新計画

を作成して申請し，承認された。

経営革新計画の作成に際しては，多少混乱することもあったが，支援機関の適切な指導によって，1回で承認を得ることができた。

経営革新計画の内容は，ビーウィッシュがメーカーと関東地区総代理店契約を結んだウォーターサーバーの販売システムを開発し，それによってメーカーは全国展開を図るというものである。要するにコンサルタントとして販売支援をするのではなく，販売を代行実践してノウハウ，システムを開発し，依頼者のメーカーに引き継ぐというマーケテング代行業である。

ビーウィッシュの「ウォータサーバー・シリウス」

（4） 経営革新計画策定と営業計画の推進

① 5年間の経営計画を作成

まず経営革新の方向付けと経営革新計画承認のため，規定に従った経営革新計画を作成した。内容は5年計画で売上は年率3％の伸びで，5年後基準年度の125％達成。売上高対経常利益率は年2％とし，最終年度の経常利益は初年度の5倍，このほかウォーターサーバーの販売台数，代理店数・代理店開発地域，直販得意先数・開発地域の開発計画を作成した（実数については非公開）。

第4章　経営革新計画承認で躍進している小売業・飲食業の事例　127

② ウォーターサーバーのネーミング決定

新製品はメーカーの開発段階では，一般名詞のウォーターサーバーと呼ばれていて固有名詞がなかった。これではブランドイメージ・戦略が展開できないため「シリウス」と命名した。

シリウスとは地球上から見える最も明るい恒星の名で，ギリシャ語で「光り輝くもの」という意味で，新製品の未来を示唆する名称としてふさわしいと採用した。

③ カタログ・チラシの再編

従来も販売促進用のカタログ，パンフレットは作成されていたが，その発想がすべてプロダクトアウトでユーザー志向でなかったため，ユーザーにとってのメリットを強調した内容のものに作り変えた。

④ 販売代理店網の構築

ウォーターサーバー「シリウス」の販売は当初より代理店販売の営業政策で，当社は関東地区総代理店なので，関東地方一円に代理店を設置する計画を策定した。まず代理店は1都市・区部1店とした。

そこで調査すると関東6県には市政の都市が179あり，東京都は区部が23，これも市部と同様にみると，代理店設置の対象となる地域は合計202ヵ所となる。初年度その10％の市に代理店を設置，計画終了の5年後は50％・100店を目標とした。

代理店の募集はインターネットにより，引き合いのあった相手と面談し，契約書を交わし契約に持ち込むこととした。

（5） 経営革新計画実践で新分野が広がる

① 初年度は売上・利益ともに達成

ウォーターサーバー「シリウス」の販売はまだスタートしたばかりである。「目標達成には確信がある」と経営者はいうが，一般的にいえば未だよちよち歩きの事業である。第1期の平成22（2010）年度は環境整備などであまり

営業活動ができなかったが，ほぼ計画どおり推移した。

② 金融機関の信頼を得て保管庫を新設

経営革新計画を作成して取引のある金融機関2行に提出し，ウォーターサーバーの保管倉庫建設の融資の申込みをした。しかし，1行は担当者が経営革新制度を知らなかったのか「本業がうまくいかないので別の事業を始めるのだ」とみて融資を断られた。しかし，もう1行では大変立派な計画と高く評価され融資が決まり，それにより建設したウォーターサーバーセンターは現在大きな戦力となっている。

③ 放射能汚染の被害で一時売上が低迷したが挽回

第2期の平成23（2011）年度は満を期して活動したおかげで前半は順調に推移したが，3月11日の東日本大震災で福島第一原発が被災し，放射能汚染が問題となりこれが水道水にまで及んだ。水道水を原水とするシリウス・システムにとっては想定外の事故で，一時売れ行きが激減したが，6月に入り水道水の放射汚染はごく限られた地域で，大勢としては人体に影響はあまりないということがわかり，売上は復元してきており前期並みの業績があげられる見込みである。

④ 代理店網の整備が課題

経営革新計画は一応計画どおり順調に推移しているが，最大の課題は代理店組織が予定どおり進んでいないので，今後はこれに重点を置き当初の計画の代理店100店組織を確立する計画である。

⑤ 新しい別件の経営革新の依頼が入る

ウォーターサーバーの新しい経営革新の進め方をみて，今はやりの「スーパー銭湯」を経営する企業から，新しい視点での「スーパー銭湯」の経営革新計画策定の依頼がくるという，2次効果が出てきている。

（6） 需要が拡大傾向にあり将来が期待される

ミネラルウォーターを買うという習慣は昔はなかった。しかし，自然志向，

健康志向，環境保全といった，健康・環境意識の高まりに伴ってミネラルウォーターの需要が高まってきていたが，東日本大震災，原発事故とともに，さらにミネラルウォーターの需要が高まり，当社の「ウォーターサーバー・シリウス」の販売台数も予定を上回る伸びをみせている。

　最近の需要動向をみると，家庭用以外に事業所の福利厚生施設の一環として設置，病院・医院・マッサージ院・処方箋薬局などの待ち時間の長い医療施設の待合室に設置されるなど，需要は多方面にわたって拡大されてきている。

　当社は創業以来社長が，今までのコネを活用して営業の拡大を図ってきたが，営業の基礎も固まり，営業ノウハウも確立されてきた。したがって，今後は営業担当者を増員，教育して営業活動を積極的に展開すれば，経営革新計画書に盛り込んだ予定売上をオーバーする業績があげられると思われる。

3 店舗展開の経営革新　玩具小売業（株）サンマルタ

（1）企業概要

株式会社サンマルタは平成2（1990）年に設立した玩具小売業である。国際的ブロック玩具企業であるLEGO社の一般流通部門と教育部門の2部門と契約を締結し、玩具小売のブランド店『レゴクリックブリック』とレゴエデュケーションセンター藤沢教室を展開していた。

代表取締役の堀口圭一氏はサンマルタの代表取締役就任以前に大手広告代理店のマネジャー勤務で、長く、広告主としてデンマークのLEGO本社の日本法人レゴジャパン（株）を担当した。

既存店舗の写真

この縁で、平成15（2003）年よりレゴジャパンのブランドストア『レゴクリックブリック』を運営する（株）サンマルタの代表取締役を引き受けることになった。

【企業名】 株式会社サンマルタ	【代表取締役社長】 堀口圭一
【設立】平成2（1990）年1月22日 【資本金】1,000万円 【従業員】40名 【本社所在地】東京都港区新橋2-16-1 　　　　　　ニュー新橋ビル514号 【TEL】03-3503-6780　【FAX】03-3503-6779 【URL】http://www.sanmalta.com 【業務内容】「LEGO」のブランドショップの運営	

堀口圭一社長

（2）「遊びと学びの融合」で経営革新計画に取り組む

① LEGO玩具は「よく遊べ」のデンマーク語

"LEGO"は1934年に創設者に名づけられたデンマーク語の「よく遊べ」と

いう意味である。"子供には最高のものを与えよう"という企業理念は現在も変わることなく守り続けられ，昭和55（1980）年にはマサチューセッツ工科大学との共同でレゴ教材を使い，子供の能力を最大限に生かし問題解決能力を育てる『レゴエデュケーションセンター＝ブロック玩具教室』の事業をスタートし，現在はブロック玩具の一般流通部門とともに事業の2つの柱として成長している。

② 提案型ブランドストア『レゴクリックブリック』の開発

経営革新計画に取り組む前の平成19（2007）年度までは中堅規模のショッピングモール中心に出店展開してきた。中長期的戦略のない成り行き型の出店展開であったと反省し，また店舗の販売面では，従来型の"売り子型"接客手法のみで，売上成長などに限界を感じていた。この問題に対し，当社の経営ノウハウである教育事業の要素を店舗運営に取り込むことにより，新しい展開ができないかと考えた。

経営革新のテーマとして，自社の独自性を生かし，「遊びと学びの融合」の提案型ブランドストア『レゴクリックブリック』を大型アウトレットモール中心に展開し，さらに次のステップとして地域密着型の『ハイブリッドセンター』（ブランドストアと教室が合体した施設）を展開することで経営革新計画の申請をすることにした。日本の未来を担う子供たちがブロック玩具を使って豊かな才能を伸ばすことに役立てるよう，事業の拡大を願い，経営革新の策定に取りかかった。

③ 3ヵ月で経営革新計画の承認を得る

経営革新計画の策定では事業計画書のまとめ方などわからないので，東京都港区役所の出前相談（無料）を活用し3回の支援で申請書を作成できた。経営革新のテーマは"「遊びと学びの融合」のコンセプトのもと玩具小売と玩具教育事業の融合による経営革新"とした。

平成20（2008）年8月に検討着手し，同年10月に申請書を提出し，翌11月に承認をいただいた。

（3） 経営革新計画の内容

経営革新の具体テーマとして，以下に示す3つの柱を設定した。

① 大型アウトレットモールに特化した店舗展開

大型アウトレットモールに特化した出店展開へ切り替える。大型アウトレットモールの2～3年先の出店情報を早めにキャッチし，今まで，いい出物があったとき出店していた成り行き管理でなく，中期の出店計画に改める。このためにレゴジャパンとの緊密な連携を図り，大型アウトレットモールデベロッパーと積極的に折衝を進める。

ここで店舗のコンセプトを"遊びと学びの提案型ブランドストア"とし，大型アウトレットモールを運営するデベロッパーに説明し，ファミリー層を幅広く取り込める店舗であることを認識してもらう。

② 店舗での教育事業を活用した啓蒙販売

新規の販売手法の導入として教育事業を活用した啓蒙販売を進める。店舗スタッフの研修に"遊びながら学ぶ"ことをコンセプトにした教育事業のブロック玩具教室の理念，方式を取り入れたカリキュラムを導入する。これにより接客手法を従来の"売り子型"から"アドバイザー型"に変貌させる。併せて定期的にブロック玩具教室のインストラクターを店舗に派遣し，「ミニ体験レッスン」を販売促進のための催事として導入する。

③ 地域密着型のハイブリッドセンター展開

経営革新計画期間の4年目から地域密着型のハイブリッド施設展開を推進する。これも業界内で先駆けて展開するものである。

このコンセプトは玩具小売業『レゴクリックブリック』と教育事業『ブロック玩具教室』の融合施設である『ハイブリッドセンター』を神奈川，千葉，埼玉エリアにオープンする。地域密着型ショッ

ピングモール，路面店を中心に展開するものである。

ハイブリッドセンター店舗内の半分がレゴ玩具販売で，残りの半分がブロック玩具教室とする構成である。

（4） 経営革新計画は環境変化の中で達成
① 売上は計画を２年連続で上回る（計画と実績）

大型アウトレットモール進出作戦で売上は伸長し，経営革新計画の初年度の目標は1億円以上計画を上回り，2年度は計画値を5,000万円上回った。

しかし，リーマンショックなどでその後の売上伸長は革新計画に対してはやや未達である。平成24（2012）年度から実施する新店舗モデルのハイブリッドセンター展開での売上が期待される。

② 出店は大型アウトレットモール中心に特化

平成20年度	4月	三井アウトレットパーク入間店	三井不動産
	9月	三井アウトレットパーク仙台港店	三井不動産
	10月	仙台泉プレミアム・アウトレット店	チェルシージャパン
平成21年度	8月	あみプレミアム・アウトレット店	チェルシージャパン
平成22年度	4月	三井アウトレットパーク札幌北広島店	三井不動産
平成24年度～		ハイブリッドセンター（予定）	神奈川，千葉，東京3ヵ所オープン予定

新規出店は計画どおり大型アウトレットモールに特化した出店ができた。また，「地域密着型のハイブリッドセンター展開」については，計画が平成23（2011）年度であったが，昨今の経済情勢から24（2012）年度以降にずらす方向で検討をしている。

③ 店舗での教育事業を活用した啓蒙販売
1）　店舗スタッフの研修に"遊びながら学ぶ"ことをコンセプトにした教育事業のブロック玩具教室の理念，方式を取り入れたカリキュラムを導入

した。これにより接客手法を従来の"売り子型"から"アドバイザー型"に変貌させた。併せて定期的にブロック玩具教室のインストラクターを店舗に派遣し，「ミニ体験レッスン」を販売促進のための催事として導入した。

2） カリキュラムにより専門知識の教育

準備段階として平成19（2007）年4月より店舗の店長，副店長，スタッフの順に各々3回（1回当たり3時間）のアドバイザー研修を実施した。

本格的な接客教育を平成21（2009）年1月より実施し，教育メニューは製品の歴史，レゴの遊びの効能面などの理論（マサチューセッツ工科大学パパード教授の理論），ブロックの使い方の基本～応用，ブロック玩具教室（藤沢，横浜教室等）の見学および実体験を4時間行った。

上記の研修終了後に"サンマルタ販売アドバイザー"の資格を与えた。定期的にブロック玩具教室のインストラクターを小売店舗に派遣し，「小売事業」と「教育事業」の人事交流を図った。

（5） 出店戦略の変革が成功の鍵

小売店舗の経営革新事例は少ない。店舗の経営革新を出店展開の革新とスタッフの接客手法や研修の充実で顧客満足度を上げ，売上伸長に結びつけたものである。

この売上伸長は大型アウトレットモール中心にする出店策の変革が大きく寄与しているが，接客手法の変革などのソフト面の革新が今後じわじわと効果を発揮していくものと思われる。

4 フランチャイズチェーン展開・飲食店への進出に成功した（株）ひびき

（1） 企業概要

「【食べ物】は，【人に良いもの】と書きます」。そう語るのは，埼玉県を中心とした焼き鳥のテイクアウト店，飲食店のフランチャイズチェーンを展開している，株式会社ひびきの日疋好春氏である。

ひびきでは，食べ物は必ず体に作用することから，当社が納得できない，また，口にしたくない素材は一切使用していない。

【企業名】 株式会社ひびき	【代表取締役社長】 日疋好春

【設立】 平成2（1990）年6月
【資本金】 2億390万円（準備金含む）
【従業員】 社員20名，パート37名
【本社所在地】 埼玉県川越市的場北1-17-1
【TEL】 049-237-1000
【URL】 http://www.hibiki-food.jp/
【業務内容】 やきとりを中心とした惣菜製造小売，飲食店経営

日疋好春社長

（2） 消費者の声に応えた事業展開

ひびきは，平成4（1992）年に有限会社として設立し，平成17（2005）年に株式会社に組織変更した。当社は，戦後間もなく創業した「日疋養鶏養豚場」の伝統を継承し，独自の「みそだれやきとり」を製造販売してきた。

平成6（1994）年に，川越の秋祭りでやきとり店を出店したところ，地元の方々から「おいしいわね。平日もやらないの」という声が寄せられた。

以来，川越店の出店を皮切りに，川越・東松山地域を中心に直営のテイクアウト店を展開し，「東松山名物みそだれやきとり」の普及に努めていた。

当社の事業活動をさらに発展させ，地域社会への貢献を一層充実させるた

めに，1回目は，平成13（2001）年7月～平成18（2006）年6月に，2回目は平成19（2007）年7月～平成23（2011）年6月に，経営革新計画を策定し，各々承認された。

（3） フランチャイズチェーン化と立ち飲み屋の展開により，経営を革新

① 1回目は「新たなやきとりフランチャイズチェーンの事業化」

当社のモットーに，「地域貢献」がある。このモットーを掲げた理由は，当社が資金調達に苦しんでいたときに，商工会議所をはじめとする地元の人々のご協力を得たという経験に基づく。この目標のために，障害者や高齢者をパートタイム従業員として採用を進めるとともに，「彩の国黒豚」「深谷ねぎ」をはじめとした地元食材を活用する地産地消を実践している。

地産地消の食材　　　みそだれやきとりひびき川越八幡通り店

1回目の経営革新計画は，ひびきの事業活動をさらに発展させ，このような地域貢献を一層充実させるものである。当社は，それまで仕入れてきた食材を自社の工場で加工し，既存直営店「やきとりひびき」で調理販売を行ってきた。この経営革新計画では，そうした従来の事業で獲得したノウハウを活用し，フランチャイズチェーンの展開を図ることを計画の目的とした。

具体的には，

1）「のれん分け制度」によるフランチャイズチェーンシステム確立

2）コンテナ型店舗の採用

3) 全自動やきとり焼き機の開発・導入

の三本柱を立てた。

こうした取組みを進め，フランチャイズチェーンの店舗数を増やすことにより，経営の向上を図ったのである。経営革新計画の承認は，低利融資制度による必要な資金の調達を可能とした。

② 2回目は「東松山名物やきとりによる立ち飲み屋の展開」

2回目の経営革新は，それまでの焼き鳥のテイクアウト店だけではなく，飲食店として，店舗展開をするためのものである。

この計画では，川越style倶楽部とコラボレーションを行った。川越style倶楽部とは，川越にある有形，無形の文化を守り，さらには世界に広げようとしている食，芸能，工芸などに関わる経営者やクリエーターたちのグループである。

黒豚劇場川越入り口店

(4) 地域貢献により，各計画を成功に導く

① 1回目の計画実施で三本柱を確立し，フランチャイズチェーン化した

1)「のれん分け制度」によるフランチャイズチェーンシステム確立

「のれん分け制度」は，当社が店舗を用意し，希望者を募り運営を任せる制度である。研修生の募集育成，フランチャイズチェーンの出店や店舗管理に至るシステムを整備した。当社の場合，年齢制限がなく，一定基準を満たすまで，委託社員として修業後に，やる気と努力次第で独立できる。

2) コンテナ型店舗の採用

自動車などによって移動できるコンテナ型店舗を開発，採用した。この結

果，店舗の設置・撤去をそれぞれ１日で行うことができ，機動的な店舗展開を可能とした。

３）全自動やきとり焼き機の開発・導入

　新たに開発した全自動やきとり焼き機は，一度に両面を焼くことができ，調理経験が少ないアルバイト従業員でも，やきとりの調理を容易にした。また，他では見られない焼き方なので，集客力も向上する結果となった。

　この機械は，調理器具のネジ１本にまで県内産にこだわっており，当社のモットーである地産地消は，この装置にも適用されている。

②　２回目の計画で，さらに埼玉県川越市をアピールし立ち飲み屋を展開

　この経営革新では，練馬区江古田に，実験店の位置づけで立ち飲み屋をオープンした。この結果，それまでの販売に加え，飲食店のノウハウが蓄積された。そして，川越style倶楽部とのコラボレーションで，赤坂に「黒豚劇場アメリカ大使館となり店」を，川越に「黒豚劇場川越入り口店」をオープンした。

　「黒豚劇場アメリカ大使館となり店」は，埼玉の物産展も兼ねている。"小江戸"と呼ばれた川越に位置する「黒豚劇場川越入り口店」では，地元埼玉の食材を揃え，県内の伝統工芸品や先端技術による製品を展示し，東京から転勤してきた企業の支店長などに，川越の良い点をアピールしている。

　さらに平成23（2011）年４月には，東松山市に「yakitoribar HIBIKI＋」をオープンした。

（５）　なぜ，ひびき社は経営革新計画に成功できたのか？

①　目的と理念を社内に徹底

　１回目の計画終了時には，直営の販売店は３店増の８店に，フランチャイズチェーン店舗は５店舗となった。売上・付加価値額はともに計画開始時の４倍を超え，当初の計画目標を大幅に上回った。

　なお，全自動やきとり焼き機は平成17（2005）年度の埼玉県ベンチャー企

業優良製品コンテストで入賞するとともに，中小企業の創業や技術・ノウハウに関する研究開発およびその成果の事業化に向けた創造的事業活動を支援し，新規事業分野の開拓を図ることを目的とした，創造法にも認定された。

日疋社長は，「計画実施には，フランチャイズチェーン化の目的や，理念を社内に浸透させることが最も重要でした」と語る。

改革の成功要因として，店舗毎の収益管理を徹底したことがあげられる。多店舗展開には，日次の日報と月次の店舗毎の収益管理が必要不可欠である。同社は，収益管理の徹底により，不採算店舗の早期の対応を可能としたのである。

② 高品質の黒豚とビールが人気を呼ぶ

2回目の計画終了時には，5店舗の飲食店を運営することになり，売上は，計画実施前に比べて約2倍となった。

テイクアウト店とポジショニングを変え，サラリーマン，OLをターゲットに設定し，質の高い黒豚とビールを提供したこと，およびフランチャイズでの経営管理のノウハウがシナジーとして働いたことが成功要因となった。

1回目の経営革新計画期間中に鳥インフルエンザが問題になり，消費者の食の安全に対する関心が今までになく高まった。当社は，平成18（2006）年に，いち早く，加工品食材の携帯電話によるトレーサビリティシステムを開発し，ホームページで食材の生産履歴を確認できるなど，食の安全確保に向けた取組みに力を入れてきた。

日疋社長は，「今後も，食べ物を通して得られる幸せを心のご馳走と捉え，楽しく作った美味しいものを幸せに食べられる『幸せ環境』を提供し続けたいと考えています。利益だけを追い求める会社にならないためにも，社員教育を充実させて社内の意思統一を図っていきます」と語っている。

第5章

経営革新計画承認で躍進しているサービス業の事例

1　多彩な教育サービス拡充で躍進する（株）未來舍

（1）「創造性教育」を実践する未來舍

　株式会社未來舍は，幼児から高校生までを対象とした学習塾を中心に教育サービスを展開している企業である。

　当社が経営する学習塾「創造未來学院」は，進学塾と個別指導の両面を兼ね備えている。しかし，ありきたりの「個別指導」ではない。「創造性教育」「全人教育」の理念のもと，個性可能性発見診断・総合学力診断・個人別学習カルテ・個別指導計画に基づいて，文字どおりの創造的・全人的・少人数個別指導を行っている。アルバイト講師は一切使わず，講師陣はすべてプロパーの講師たちだ。

　こうした数々の特徴により評価を得て，東京都青梅地区を中心に，直営11校，FC19校まで業容を拡大してきている（2010年8月現在）。

【企業名】株式会社未來舍
【代表取締役社長】千葉さち子
【設立】平成8（1996）年10月
【資本金】7,400万円
【従業員】71名
【本社所在地】東京都青梅市東青梅1-13-1 未來ビル
【TEL】0428-33-6488　【FAX】0428-33-6566
【URL】http://www.souzoumirai@miraisha-future.co.jp
【業務内容】民間教育事業（学習塾）等

千葉さち子社長

（2）　学習サービスの拡充と経営革新

　社長の千葉氏は，もともと公教育に従事されていた。当時，公教育の限界を感じ，米国，フィンランド，フランスに留学。そこで日本の公教育にはないものを学び，日本の地で公教育の限界を突破する学校教育を実現すること

を夢として，帰国後，手始めに学習塾を始めた。

その後，「知・情・意」「創造・徳育・体力」の「全人教育」を教育の理念として，次々と学習塾を展開してきた。

こうした学習塾教育の質の強化と拡大策のみならず，学習塾以外の教育サービスも拡充してきた。具体的には，社会人教育事業（英会話・パソコン），公立・私立学校の補講事業，教師研修セミナー事業，保育・学童保育事業，CD学習教材開発販売事業などである。

この教育サービスの幅の拡充をさらに推進するものとして，「CD学習教材で補完された実体験型学習サービス」を新たに事業化していくこととした。この新たな教育サービス商品の開拓を，未來舎は3ヵ年の「経営革新計画」としてまとめ，平成20（2008）年1月に東京都からの承認を受けた。

（3） CD学習教材（実学）と地域活性化事業（実体験学習）

経営革新計画で開発企画されたCD学習教材が，『Kid's お金の学校 ワンダーランド』である。このCD教材は，小・中学生を対象とし，金融・経済の仕組み，仕事，お金の尊さなどの学習を通じて，"経済の芽"，"起業家の芽"を育む創造力・人間力を育てることを目的としている。まさに，実社会で役に立つ実学を提供するものだ。

このCD教材は，机上の学習にとどまることなく，実体験（後述する「ビズ・キッズ」）を意識したつくりとなっている。これにより，一層の学習効果がもたらされるのである。

そして，このCD学習

CD教材「Kid's お金の学校 ワンダーランド」

教材「Kid's お金の学校 ワンダーランド」と一体となって「金融・経済」の実体験を提供するものが、「ビズ・キッズ（子供商店街）」だ。

「ビズ・キッズ」では、子供たちでお店（会社）を創業し、商品の製造や仕入など、流通～販売～収支計算までの一連の流れを、本物の通貨紙幣を用いて体験させる。子供商店街は、実際の模擬店舗として街の中にイベント的に開設し、地元の方にもお客様として来てもらう。

子供たちには、「ビズ・キッズ」のイベント開催日の前後一定期間をかけて、地元の自治体や商工団体、金融機関の協力のもと、事前・事後学習を実施していく。

具体的には、地元の特産物・名産物、文化、歴史、自然、観光地などを学ばせ、そしてそれらをPRさせ販売させる。「ビズ・キッズ」は、地元を巻き込み、地元にイベントをもたらし、地元からの情報発信の機会をつくり、将来の地元のビジネスの担い手を育てるという意味で、「地域活性化事業」でもあるのだ。

なお、「ビズ・キッズ」は、能力開発ソリューションの提供会社であるビジョナリー・エクスプレス（株）が著作権ライセンスを保有し、商標登録している。当社はそこと提携し、ライセンスの提供を受け、「ビズ・キッズ」を販売している。

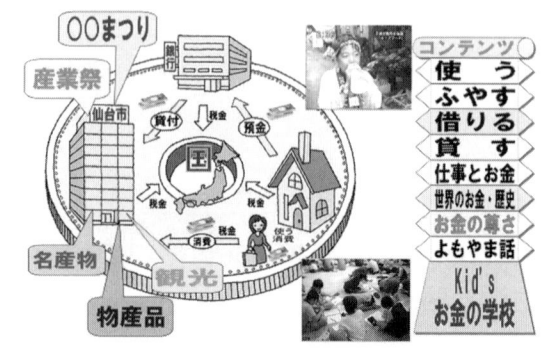

地域活性化事業ビズ・キッズ（子供商店街）

（4） 理念・ビジョンの重視と提携戦略の活用

この経営革新計画の取組みにあたって、千葉社長が重視したものは、理念とビジョンについての社員との意識共有の徹底である。

当社では，先述した「教育理念」のほか，「教育の高準化（システム化）」という事業理念，「国際社会への貢献」という企業理念，「顧客（生徒・父母）・社員・会社」の「三位一体経営」という経営理念を掲げている。

　また，近未来の会社のあるべき姿＝ビジョンとして，「私学学校法人の設立」，そのための「株式の店頭公開」を掲げている。千葉社長曰く，「やれやれだけでは人は動かない。理念，ビジョンを共有させることが大切。なかでも理念が最も大切」。

　また，計画実現のために，ノウハウをもつ教育企業やアカデミー，各種地域機関との提携戦略を積極的に推し進めてきた。

（5）　東京都経営革新計画最優秀賞受賞と店頭公開・学校法人設立への邁進

　こうした取組みを通じ，CD学習教材「Kid's　お金の学校　ワンダーランド」は，無事，開発・商品化を完了。地域活性化事業「ビズ・キッズ」の地域展開と合わせ，計画3年目には，目標を大きく上回る実績を上げることが

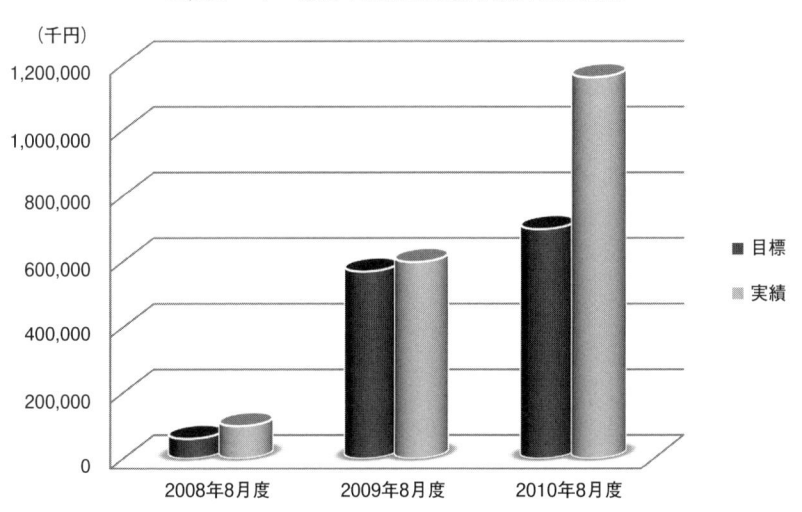

図表5－1　経営革新計画対象事業の売上推移

できた。

また，この経営革新計画による新事業化は，全社的な業績の牽引にも大きく貢献した。

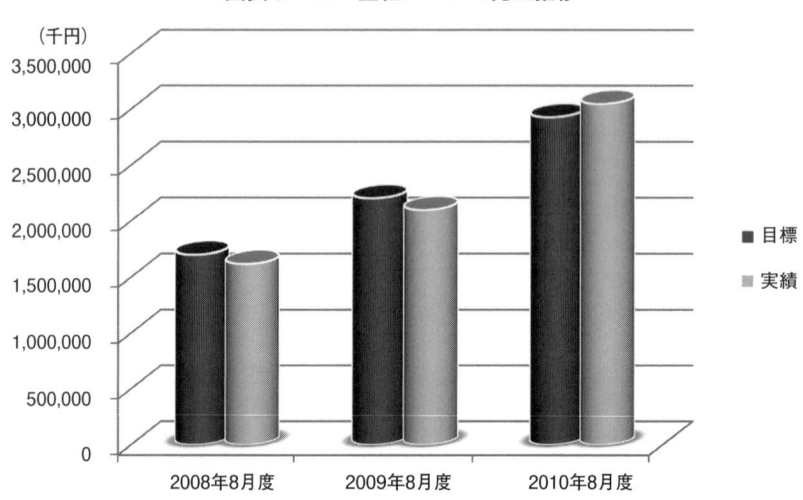

図表5－2　全社ベースの売上推移

(千円)
- 2008年8月度：目標 約1,750,000／実績 約1,600,000
- 2009年8月度：目標 約2,250,000／実績 約2,150,000
- 2010年8月度：目標 約3,000,000／実績 約3,100,000

この未來舎の経営革新の取組みは，平成22（2010）年度の東京都経営革新計画優秀賞表彰制度によって，見事，最優秀賞として表彰された。

当社では，引き続き教育・サービス事業の幅を広げるべく，多国語対応のホームページ読み上げサービス「おしゃべりっち」の開発販売について，新たな経営革新計画・承認取得を準備中という。

こうした積極的な取組みを通じ，未來舎は，公教育の限界を超えるという夢へ向かって躍進している。私学学校法人の設立，そのための手段としての未來舎の株式店頭公開というビジョンを，向こう数年以内という射程圏内に入れて実現しようとしているのである。

東京都経営革新計画最優秀賞の受賞

2　中国人向け訪日結婚式サービスへ業容拡大するゲストハウス（有）

（1）　結婚式の司式を手がけるゲストハウス

ゲストハウス有限会社は，結婚式などの司式を提供している会社である。司式とは，主にキリスト教の儀式についての進行を司ることである。ゲストハウスでは，キリスト教神前結婚式だけでなく人前結婚式の司式も執り行っている。

ゲストハウスの山本代表は，キリスト教ガリラヤ福音教団の理事を務める牧師である。これまで27年間で，25,000組以上のキリスト教結婚式に携わってきた。

多くの人々と出会い，祝福の機会を設けるために，ゲストハウス有限会社を平成12（2000）年に設立。50ヵ所以上の業者と提携し，50人に及ぶアルバイトスタッフをも使いながら，今日では，司式に伴う演奏者やパーティの手配などの結婚式プロデュースも手掛けている。

ホテル式場での司式

【企業名】ゲストハウス有限会社
【代表取締役】山本正一

【設立】平成12（2000）年
【資本金】300万円
【従業員】6名
【本社所在地】東京都渋谷区桜丘町4-17
　　　　　　　チェリーガーデン505
【TEL】03-5428-6495　【FAX】03-5428-6496
【URL】http://www.gasthaus.jp/
【業務内容】結婚式・パーティーその他のプロデュース

山本正一代表

第5章　経営革新計画承認で躍進しているサービス業の事例

（2） 中国人向けの訪日結婚式サービスの開拓を狙う

　少子化の進展，非婚者の増大によって，国内ブライダル市場は近年縮減の動きが進んできた。今後の事業展開としては，国内市場依存型では発展が見込めなくなってきているのである。

　他方，海外の事情に目を向けてみると，人口増の続く中国では毎年10％増の勢いで結婚するカップルが増えている。同時に，訪日中国人観光客は増加の傾向にある。この動きは，日本政府による対中国人観光ビザ発給条件の緩和措置とも相まって，急速な伸びが期待された。

　こうした点に着目し，日本人が海外で挙式することが珍しくなくなったのと同様に，中国人に日本の地で結婚式を挙げることをアピールし，それに応えることができないかと考えた。

　中国と日本の結婚式事情を対比してみると，中国の結婚式はまだまだ地味であり，これに比べ日本の結婚式は，衣装，メイク，指輪，ブーケ，写真，演出等の付加価値がはるかに高品質である。こうした日本の高品質サービスに憧れる中国人は少なくないと思われた。この日本の高品質結婚式サービスこそが「ジャパンウェディング」なのである。

　そうした折り，小型クルーザーに出会う機会があり，小型クルーザー上での船上ウェディングとすれば，比較的安価に「ジャパンウェディング」を提供することが可能ではないかと考えるに至った。

　こうして，日本人を対象とした結婚式の司式を国内業者から受託するという従来事業のほかに，自ら中国人向けに日本の地での「ジャパンウェディング」をプロデュースすることを「新たな事業活動」として，経営革新計画の具体化を進めることとした。東京都からは，平成22（2010）年6月に経営革新計画の承認を受けることができた。

（3） 船上ウェディングを核に中国人向け「ジャパンウェディング」

　中国人向け「ジャパンウェディング」の事業化計画は，①提供するサービ

ス商品そのものの整備,②中国人からの注文の取り方の仕組みの整備,③中国人向けの広告・宣伝,などからなっている。

① **提供するサービス商品そのものの整備**

観光地横浜の「象の鼻地区」(みなとみらい21,赤レンガ倉庫,山下公園に近接)を拠点にして,小型クルーザーによる船上結婚式を提供する。それに付帯するドレスアップ,記念撮影,クルージング,人力車による周辺散策,レストランでのディナー手配,ホテルまでのリムジン送迎などをパック化したサービス商品として提供する。

船上ウェディングでの司式

② **中国人からの注文の取り方の仕組みの整備**

国内においては,中国人の訪日観光に力を持つ企業・団体との提携を進め,そこからの紹介案件の獲得を追求する。

拠点とする横浜地区においては,財団法人横浜観光コンベンション・ビューロー(以下 YCVB と略)との提携を重視する。YCVB は,横浜市の観光・コンベンションを振興する目的で設立された財団で,会長は横浜市長が務めている。平成22 (2010) 年より中国人向け情報ポータルサイト「JAPAN 在線」に横浜特集を掲載するなど,中国人富裕層の横浜誘致に注力している。

さらに,直接中国人からの注文を受け付けるために,中国人向け「ジャパンウェディング」紹介サイトを設け,その中で「ジャパンウェディング」を簡単に予約申込みできるようにする。

③ **中国人向けの広告・宣伝**

中国マーケットへの広告・宣伝としては,中国での展示会等のイベントでの紹介キャンペーン,中国人向けホームページの開設,中国の国内雑誌への広告掲載などを企画している。

(4) サービス提供準備と，上海万博などでの広告宣伝

こうした内容の経営革新計画に沿って，新たな業態を開拓するための取組みを進めてきた。その中の一つが，雨天時の対策である。クルーザーの外観にもマッチするようなエアテントを特注した。

営業連携については，賛助会員としてYCVBに加入し連携強化を進めた。

クルーザーに着脱する雨天用テント

宣伝活動としては，中国の市場開拓に詳しい企業と提携し，平成22（2010）年8月に，上海万博の一環である上海国際ギフト展の「横浜館」に「ジャパンウェディング」を出展した。3日間のブース出展の場で，「ジャパンウェディング」のイベント挙式を募集したところ，3組の募集に対し，62組の応募という確かな手応えを得た。この3組のカップルには，イベント会場にて「ジャパンウェディング」を執り行い，多くの中国人に「ジャパンウェディング」のアピールを行った。

また，伊勢丹などの中国現地の日系百貨店のブライダルコーナーにて「ジャパンウェディング」の紹介コーナーを設ける商談を進めた。また，平成23（2011）年3月には，横浜市が中国の旅行会社を横浜に招聘し，横浜観光キャンペーンを実施した際に，「ジャパンウェディング」の紹介を行った。

(5) 中国人の訪日機運の再開に向けて

こうした諸準備を平成23（2011）年の春の段階まで進め，いよいよという矢先に，東日本大震災と福島原発事故が発生した。中国人をはじめとした外国人観光客は，"放射能こわさ"から激減の状況となった。日本政府観光局の発表では3月度は，前年比73％減となったのであった。

このため，当社では，いったん，中国人向け「ジャパンウェディング」の

事業化の動きをストップせざるを得なくなった。

　しかし，日本政府の復興対策の一環として，同年9月から中国人向け個人観光ビザの発給条件が再緩和されるなど，市況回復の動きも見え隠れしてきている。

　こうした中，当社でも計画実施再開の機会をうかがっていた矢先，YCVBの取り持ちにより，中国国内にて富裕層向け日本式婚礼プロデュースを手掛けている中国企業（北京マリアージュ：代表は日本人の佐藤理氏）との出会いがあった。北京マリアージュは，新たに中国富裕層の日本への挙式ツアーを企画しており，手始めに北海道，そして横浜へのツアーを具体化しようと動き始め，提携先を探しているとのことであった。

上海万博での配布チラシ

　当社では，ゲストハウスを中国人向け「ジャパンウェディング」の担い手として認知し，北京マリアージュに紹介してくれたYCVBとの連携を従来以上に重視しつつ，北京マリアージュとの連携の機会を最大限に模索していこうとしている。中小企業としての単独の取組みでは，おのずと限界がある中，事業前進につながる企業連携の機会は大いに活かすべしとの考えだ。

　そして，「横浜でのジャパンウェディング」ならば，「横浜」→「海」→「船上ウェディング」→「ゲストハウスの得意領域」という図式を訴求していこうとしている。こうしてゲストハウスは，経営革新計画への取組みの第2ラウンドに入ろうとしているのだ。

3 セル生産方式で更なる飛躍を目指す㈱セルフ

　需要が衰退するクリーニング業界にあって，多くの企業が苦境に直面している中で，経常利益率10％以上を上げている企業がある。それが株式会社セルフである。

（1）企業概要

【企業名】 　　株式会社セルフ	【代表取締役社長】 　　鳥取　孝
【設立】昭和41（1966）年8月 【資本金】1,000万円 【従業員】社員48名，パート202名 【本社所在地】徳島市東沖洲1-3-9 【TEL】088-664-1234 【FAX】088-664-1333 【業務内容】家庭用クリーニング	

鳥取　孝社長

（2）徳島県中小企業団体中央会のご縁で情報センターを紹介していただく

　昭和41（1966）年協同組合設立，中小クリーニング店が集まって，協同で一般衣料クリーニング加工を名東に開始する。

　その後昭和46（1971）年鳴門工場，昭和48（1973）年室町工場，72年八万工場，昭和63（1988）年大坪工場と拡大。平成23（2011）年3月，5工場統合した沖洲工場稼働。

　平成5（1993）年4月徳島県中小企業情報センターによる支援開始（電子計算機連携利用診断），その後翌年4月より民間ベースの支援が行われ，今日に至っている。

（3） 経営革新の実践は３段階に分かれて行われた

当社は過去３段階に分けて経営革新を行って躍進を続けている。

① 第１段階の経営革新の実践

１）システム開発のために６年間をかける

　平成５（1993）年から平成10（1998）年までの６年間の歳月をかけてPOSシステムの開発検討を続けた。技術革新が激しい情報産業の中にあって，それだけの時間をかけたのはIT投資効果が見えてこなかったからである。それが見出せない限り投資は許されない。

　POSの設計においては，クリーニング料金やシミ抜き・汗抜きなど付加価値料金を追加する等，入力が複雑になる。

　そのためにはメニュー数を３分の１に減らす必要があった。

２）革新は反対派の説得から始まる

　メニュー数を３分の１に減らすといっても，必要な理由を100ほど挙げて反対する。それを一つひとつ否定していかなければ，革新は進まない。そこで過去のメニュー利用数を全部調べると，実際に利用しているメニュー数は全体の３分の１しか利用されていないことがわかった。それでも結果的には半分にしかできなかったのである。

　また，ワイシャツの料金を98円にしたほうがよいのではないかと提案をした。当時160円の料金であったものをである。当然ほとんどの人が反対した。その理由ももっともなものが多かった。ワイシャツは手間のかかるわりには利幅は少なく，一番儲からないというのである。ただでさえ儲からないワイシャツをこれ以上値下げしたのでは利益が出ない。しかし，クリーニング業界では考えていないが，スーパーマーケットでは「ロスリーダー」（おとり商品）というものがあることで説得した。このロスリーダーによって，必ず他の商品がつられて売上が上がるということを繰り返し説明するのである。

３）タグの表示とタグプリンターの開発

　一般的なクリーニング店では，バーコードが事前印刷されているものを使

っているのが大部分である（図表5－3参照）。それでは洗濯機の中で2つのタグが取れたときには，どの洗濯物から取れたのか判別のしようがない。

図表5－3　一般的なクリーニング店に使用されているタグ

そこで当社は，紛失をなくするために洗濯物名とカラーの表示・付加価値，お客様名を表示して，お客様とのトラブルを防ぐように工夫している（図表5－4参照）。

図表5－4　セルフが開発した新しいタグ

しかし，インクに課題があった。受付の段階で印刷されるので，インクによっては洗ったときに色が褪せてスキャナで読めなくなる可能性がある。結局日本には合格できる製品がなく，海外から調達せざるを得なかった。

新POSシステムが導入された店舗

② 第2段階の経営革新：コインランドリーの導入

　第1次経営革新でPOSシステムが導入されたが，受付担当者の負荷がほとんどかからず，しかも新しいサービスの提供ができるコインランドリーサービスを平成12（2000）年に開始した。これらよって1拠点当たりの売上増大を図ることができる。

　これについても，わざわざクリーニングに来たお客様に，安いコインランドリーを提供することは，売上を減らすようなものだという反対の意見が挙がった。

　今になってみれば当たり前のようなサービスであるが，当時は真剣に考えられていたのである。

　反対意見については，サービスの形態が違うのであって，自社の売上を減らすものではないということを繰り返し説得した。

第2次経営革新　コインランドリーの外観

③ 第3段階の経営革新：5工場の統合によるセル生産への移行

　第3段階の経営革新は，企業規模の増大とともに新工場を増設して発展してきた背景があるが，騒音や環境汚染等を勘案して，平成23（2011）年3月新工場に統合することにした。

1）5つの工場を統合する

　同じような設備を各工場で重複して保有しているものを，統合して有効活用すること。また従業員を統合することで，無駄な工数を節約し，コストダウンを実現すること。

2）セル生産で25％のコストダウンを図る

　コストダウンを実現するために，U字型セル生産（数人の従業員が流れ作業工場でのシステムをそのまま移行するやり方）で，コストダウンを現実のものにすることが可能になる。まだスタートしたばかりで本格的なセル生産とはいえないが，徐々に移行する予定でいる。

3）第2次情報システムの稼働

　営業店のPOSシステムを一新すると同時に，工場の生産性を支援する情報システムの稼働が平成23（2011）年10月よりスタートした。これによって利益構造が確かなものになることが期待されている。

(4) 経営革新を実践した結果

　直近における当社の決算（2010年12月期）内容は次のようになっている。

売上高：13億3,000万円

営業利益：1億8,700万円

経常利益：1億2,500万円

　この決算は出来過ぎのようにもみえる。しかし，ここ10年間ほぼ一貫して経常利益を10％確保してきたことを考え合わせれば，不況業種にあるクリーニング業界であっても，経営革新を常に行うことによって，安定的な利益構造を確保できるといえる。

4 総合リゾート会社へと躍進する ㈱小笠原エコツーリズムリゾート

（1） 学生アルバイトからの起業

　株式会社エコツーリズムリゾートは平成19（2007）年に創業し，平成23（2011）年1月に株式会社へと法人成りをしている。

　竹澤社長は，学生時代の夏休みや春休みには小笠原でアルバイトをしていた。小笠原の海と自然に魅せられ，大学を卒業すると同時に小笠原へ渡りアルバイト先だった会社に入社した。

　入社した会社では，ツアーガイドとして海や山の案内を通して，島の自然や歴史について徹底的に勉強した。入社後8年間，学生時代からだと通算12年間，小笠原で体験を積み独立した。

竹澤博隆社長

　竹澤社長は，小笠原の自然環境，地域資源に精通している強みを活かして，海陸ツアーガイドを主なる事業としてスタートした。

　当社の店舗は，「おがさわら丸」が発着する二見港の桟橋近くの海沿いに位置し，町の中心街への起点ともなる場所で，来島者には注目度の高い場所にある。

【企業名】 　株式会社小笠原エコツーリズムリゾート	【代表取締役社長】 　竹澤博隆
【設立】平成19（2007）年4月　　　【資本金】100万円 【従業員】8名 【本社所在地】東京都小笠原村父島字東町 【TEL】04998-2-3305　【FAX】04998-2-3317 【URL】http://take-na.com 【業務内容】ツアーガイド，宿泊施設，飲食サービス，みやげ物の販売	

（2） 世界自然遺産登録を見据えて，経営のすべてを革新

　小笠原は，平成23（2011）年6月に世界自然遺産に登録されたことで注目されているが，それまでは知る人ぞ知る島だったといえる。伊豆諸島のはるか南約1,000kmのところにあるが，住所は東京都で，島の車は品川ナンバーである。しかし，小笠原へのアクセスは「おがさわら丸」という定期船が唯一で，片道25時間半の時間を要する。しかもこの定期船は小笠原で3泊するため，小笠原への旅は最低でも5泊6日の日程が必要になる。

　それでも，竹澤社長は，世界自然遺産に登録されると，観光客が増えるとともに客層に変化が起こることを想定し，宿泊，飲食，物販の各施設・サービスを充実させることが喫緊の課題であると考えていた。

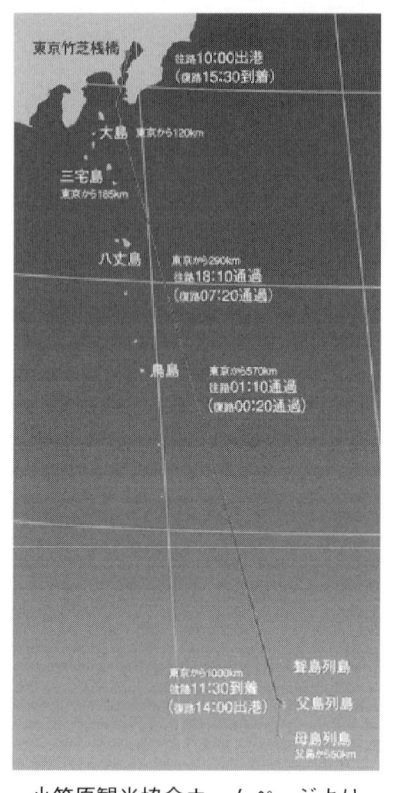

小笠原観光協会ホームページより

　地元資本による総合的・本格的な受入れ態勢の充実は，世界自然遺産登録で世間の注目が集まると，懸念される本土資本による乱開発の未然防止になる。さらに，地域住民の自主的な受入れ態勢強化の取組みを誘引する先駆的役割を果たすことになれば，小笠原の活性化，観光振興に資することができる。

　竹澤社長はそう考えて，小笠原で第1号となる経営革新計画を策定し，計画承認を申請した。

（3） 総合リゾート会社を目指して

当社は，海陸エコツーリズムツアーでは，悪天候であっても小笠原の自然を満喫できるように，天候の状況に応じた柔軟なコース設定ができることで顧客から高い評価を得ている。

小笠原には，ツアーの主催，宿泊施設，飲食サービス，土産店を総合的に提供する施設や事業者がない。旅行客は，その都度それぞれに移動しなければならず，不便を強いられている。顧客からは，ワンストップで小笠原を楽しめる拠点の要望が多い。

そこで，当社は顧客の要望に応えるべく，ガイド事業に加えて，宿泊，飲食，物販の総合展開に取り組もうと，

① 隣接する土地を取得して宿泊施設を新築すること
② 飲食スペースを拡充すること
③ 物販スペースを拡充すること

の3つの課題を実現することを経営革新のテーマとして，小笠原の旅をワンストップで楽しんでもらえる環境をつくる総合リゾート会社を目指している。

（4） 着々と進む，総合リゾート会社への歩み

① 土地の購入と建物の新築

都合のよいことに，店舗に隣接して空地があった。不動産業者と売買価格の合意ができ，318㎡の土地を購入することができた。

取得した土地に3階建て，延べ床面積102㎡の建物（写真の右側の建物）を建築し，宿泊用客室を8室設置した。

隣接した土地に宿泊施設を新築

小笠原の宿泊施設の稼働日数は，船便の就航スケジュールの関係で年間

168日程度として計算しなければならない。新築の8部屋の売上は，平均宿泊人数と稼働日168日を基準とした稼働率で決まる。

② **飲食スペースの拡充**

飲食スペースはテラス部分も拡充するとともに，施設内にスペースを設けて，天候が悪くても飲食サービスが提供できるようにした。また島の素材を活用した新メニューの開発も行っている。

飲食スペースを屋内にも設置 　　当店オリジナルの「さめバーガー」

③ **物販スペースの拡充**

物販スペースは，物販専用で約40㎡を確保，島特産のオリジナル商品を開発している。商品の展示スペースには余裕を持たせ，天候が悪く，ツアーが実施できない日には，手づくり工芸が楽しめる「工芸教室」を開設できるようにしている。

Tシャツ売場 　　おみやげ品売場

（5） 世界自然遺産登録で，業績は順調

① 売上高の推移（2008年12月基準）

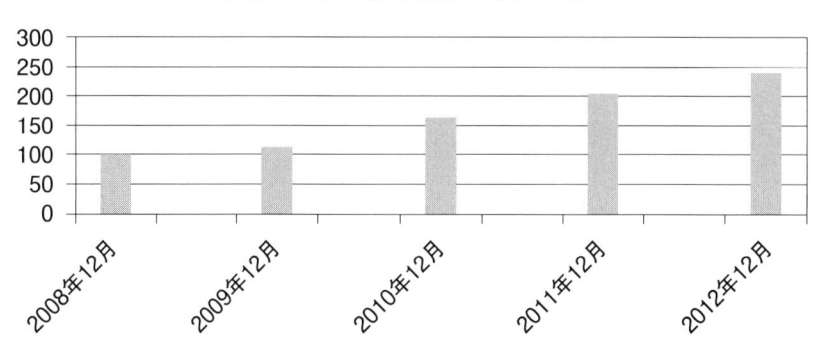

図表5－5　売上高成長率推移（％）

年月	成長率
2008年12月	100
2009年12月	110
2010年12月	160
2011年12月	200
2012年12月	240

　平成21（2009）年度までは，ツアーガイド事業だけ。平成22（2010）年度から新規事業を開始，平成23（2011）年6月には世界自然遺産登録が決まり，その数ヵ月前から観光客が増え始め，業績は順調に推移している。自然遺産効果で年間を通じて観光客数が平準化すれば，業績はさらに伸びる可能性がある。

② 新たな事業の展開

　平成23（2011）年度から島内に10,000坪の土地を借り，養蜂場の新設・運営とコーヒー豆の栽培を始めている。すでに蜂蜜は収穫し，自社店舗で販売している。コーヒー豆の収穫時点を見据えて，特産品のブランド化等も検討している。

③ エコツーリズムの取組みに対する評価

　エコツーリズムとは，「自然環境や歴史文化を対象とし，それらを体験し，学ぶとともに，対象となる地域の自然環境や歴史文化の保全に責任を持つ観光のあり方」（環境省）という概念であるが，当社のガイド事業は，エコツーリズムを実践しているとして『ガイアの夜明け』でも紹介されている。

5 企業価値向上による事業再生に取り組む ㈱ノア総合研究所

（1） 財務専門のコンサル会社

① ものづくりよりカネづくり！

　株式会社ノア総合研究所は東京都立川市にある，会計事務所から発展した財務コンサルティング会社である。タイトルにあるフレーズを掲げて，財務分野に特化した中小企業支援を実施している。「首都圏の中小・中堅企業に，高度な財務分野のアドバイスを廉価で提供し，経営状況を改善するとともに，地域経済の活性化に貢献すること」というのが当社の経営理念である。

② 企業概要

【企業名】 株式会社ノア総合研究所	【代表取締役社長】 清水雅則
【設立】平成14（2002）年12月　【資本金】500万円 【従業員】3名 【本社所在地】東京都立川市錦町2-1-32-2 【TEL】042-540-1175　【FAX】042-540-1195 【URL】http://www.keiei.ne.jp/dir/noah/outline.htm 【業務内容】経営コンサルタント	

清水雅則社長

（2） 経営者の悩みを知って，自身の強みに目覚めた会計マン

① 簿記・会計業務から経営コンサルタントへ

　当社の経営者である清水氏は会計事務所，病院勤務を経て独立し，平成14（2002）年から多摩地区を中心として，中小企業から会計・財務のアウトソーシング業務およびそれに付随するコンサルティング業務を受託してきた。具体的には「記帳指導，代行」「原価計算」「会計部門の生産性向上策」等である。しかし，近年は会計業務から発展して，金融機関および投資銀行等と

の交渉，さらに事業再編，事業再生，M＆A仲介等の相談を受けるようになってきた。その中で中小企業経営者の抱える悩み，困難を深く理解するようになった。そこで，単なる会計業務から脱皮して，事業内容を高度化し，コンサルタント業務に乗り出すことを決意した。

経営革新の目標は中小企業の弱点を克服し，経営者の悩みを解決すること，特に中小企業経営者の悩みである「事業承継」問題の解決である。

（3） 手のかかる複雑な案件を経営者の立場に立って取り組む
① ノア総合研究所の手法

革新事業は中小企業の「事業承継」支援であるが，そのために「M＆A」「事業再生」の手法を活用する。これらの手法を統合し，一体的に中小企業の課題解決を支援することとする。これら個々の業務を行う専門家は多いが，これらの業務を自由自在に組み合わせて，中小企業経営者の立場に立って，手法を活用する手段を見出し，総合的に業務を遂行できるコンサルタントはほとんどいない。

すなわち，当社のコンサルティング業務は，当該中小企業の置かれた経営環境を深く分析したうえで，会社分割・事業譲渡等の事業再編スキーム，不採算事業からの撤退または譲渡，不要資産の売却，財務改善・金融調整等の事業再生手法等，対象企業の事業承継に最適な手法を組み合わせ，必要な場合には弁護士，税理士，不動産鑑定士などの専門的能力を効果的に活用して，総合的に事業承継を支援するものである。既存の事業承継支援策，すなわち，単なる相続税対策や単純な株式譲渡とは一線を画したコンサルティングを実施している。

② ノア総合研究所の事業領域

当社は長年の会計関連業務を遂行する中で，地域の経済団体，異業種交流会の幹部になる等，中小企業経営者との間に広く深い交友関係を構築しているが，その中で中小企業のコンサルティングニーズを発見するに至った。一

方で事業再生支援の全国組織の役員となり，全国各地の会員と良好な関係を築いて，連携を密接にするとともにクライアント獲得のネットワークを広げている。

中小企業は株式会社の形態を取っているが，上場している大企業とは経営課題のあり方が異なる。事業承継も種々雑多な要素が絡んでいて教科書どおりにはいかない。たとえば，法人の資産と経営者個人の資産の区分，経営者個人と法人の間の貸借契約の内容，法人の負債の経営者による個人保証，さらには株式が分散しているというような問題である。

当社は「借入金を減らして，事業承継」という手法を掲げて，企業価値がマイナス，債務超過の案件でも，引き受けている。

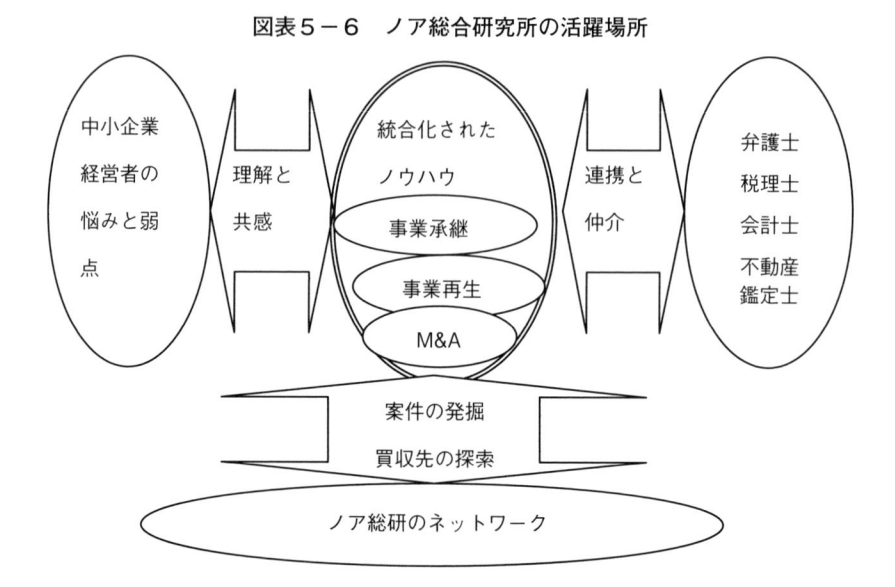

図表5-6　ノア総合研究所の活躍場所

中小企業経営者の悩みと弱点 — 理解と共感 — 統合化されたノウハウ（事業承継／事業再生／M&A） — 連携と仲介 — 弁護士／税理士／会計士／不動産鑑定士

案件の発掘／買収先の探索

ノア総研のネットワーク

（4）　中小企業の特性に合わせたコンサルタント

①　複雑な案件をワンストップで

中小企業経営者は，金融，法務等の専門領域に関する知識を得るため専門

家に相談するが，内容が複雑で，財務，会計，金融，法務等複数の専門領域にまたがった相談になってしまう。そのため，専門家の間で言わば「たらい回し」にされてしまい，複数のアドバイスを受けることになるが，互いに連携が取れていないので，解釈に戸惑ってしまう場合が多い。複数の領域にまたがる案件を，有機的に整理統合して，真の問題解決を実現する，というのが当社の方針である。

② 金融調整の実務を支援

中小企業の経営者にとって，金融機関との交渉は困難であることが多い。当社の経営者はこのような現場を数多く体験していて，経験が豊富であり，交渉の勘所を心得ている。一方で金融手法に関する実務的な知識も豊富で，金融機関にとっては手強い交渉相手である。そのため，経営者に同行して交渉を支援することもある。

③ 手法以前の手法（経営改善）

中小企業では企業価値がマイナスであり，親族への承継の場合でも，第三者への譲渡（M＆A）の場合でも，単純に株価を算定して株式の譲渡契約を締結するだけでは経営者の抱える問題の真の解決にはならないケースが多い。そのような作業以前に，不採算部門のリストラや金融調整，事業譲渡，会社分割による事業再編等，経営そのものの改善が必要な場合が多い。当社はこのような複合的な実務対応が可能な点が，一部の専門分野だけに特化したコンサルタントとは異なる強みである。

（5） ノア総合研究所の仕事の内容

① 会社を「買う」とは，「売る」とは？

当社の扱った案件を一つ紹介する。

A社は北関東に強固な営業基盤を持つ原材料販売会社である。首都圏進出を計画し，同業者であるB社に着目した。B社の社長B氏は脱サラして創業したものの，元の勤務先とのトラブルが原因で経営が悪化し，転廃業の瀬戸

際に立たされていた。B社は多くの負債を抱えて，企業価値はマイナスであり，通常であれば企業買収の対象にはならない会社である。しかし，A社はB社の顧客層とB氏の営業能力を評価して，これらを入手するために，当社に相談を持ちかけてきた。「B社を買いたい，アドバイスが欲しい」。ここから当社のコンサルティング業務が始まった。

　結論を言うと，この案件はB社の営業権をA社に譲り渡す「事業譲渡」契約と，A社がB氏個人にA社商品の販売を委託する「業務委託」契約とを組み合わせる形で解決された。B社の負債は営業権の譲渡代金と，B氏がA社の製品を販売する業務委託料の中から少しずつ返済することになり，A社はB社の顧客を受け継ぎ，B氏の営業力も活用できるようになった。B氏は顧客に迷惑をかけることなく業務を継続でき，それなりの業務委託料で，借財の返済も目途が立った。

　このようなことは単純に株式の売り買いしか考えない一部の専門家にはできないことである。なお，A社とB氏との関係が破綻したときに備えて，B氏との事業譲渡契約には一定期間，A社との競業避止義務を明記するなど，法務面の対応も万全である。

③　今後の展望

　ノア総合研究所の社訓を紹介する。若干補足説明が必要であろう。

1）「殿様商売」：「待ち」の営業である。こちらから売り込んでもうまくいかないので，クライアントが来るのを待って，仕事にはいる。

2）「金の切れ目が縁の切れ目」：契約が切れたら（仕事が完成すれば）さよならする。いつまでもダラダラと付きあわない。

3）「月月火水木金金」：これは説明無用。なにしろバリバリ働く。

　当社経営者は（社）事業再生支援協会の東京支部長でもある。これまでの多くの再生案件が評価され，当社の能力は深く知られていて，案件の引き合いは多い。しかし，専門業務を遂行可能な人手が不足するため，一部の受注は謝絶せざるを得ない状況である。

第6章
経営革新計画承認で躍進しているeビジネスの事例

1 データベースのリモート保守サービスを展開する（株）アイ・ティ・プロデュース

（1） 企業概要

「お客様から、『データベースのことならアイ・ティ・プロデュースに相談したい』と言われる企業になりたいと思っています」。アイ・ティ・プロデュースの佐々木社長は、そう語る。同社は、データベースの構築運用を通して、より良いIT社会をつくり上げることに貢献する会社、働く社員がやりがい、達成感を感じられ、日々成長していく会社を目指している。

【企業名】 株式会社アイ・ティ・プロデュース	【代表取締役社長】 佐々木　務
【設立】平成18（2006）年9月 【資本金】300万円 【従業員】3名 【本社所在地】東京都中央区勝どき2-18-1 　　　　　　　黎明スカイレジテル1113 【TEL】03-5534-8345 【FAX】03-5534-8346 【URL】http://www.it-produce.co.jp/ 【業務内容】ITコンサル，システム構築， 　　　　　　運用保守	

佐々木務社長（左）と齋藤技術本部長

（2） ITコンサルティングとシステム構築からの創業

佐々木社長は、RDBMSのOracleの販売・サポートを日本国内でいち早く行っていたアシスト社出身であり、平成18（2006）年9月にアイ・ティ・プロデュース社を創立し、以下の2事業を行ってきた。

- ITコンサルティング事業：顧客との要件定義により、処理速度の改善、セキュリティ対策、システム障害の未然防止など、Oracleに関連するあらゆる相談や助言を提供する。

- システム構築：Oracle のインストール，設定，テストなどの構築作業を実施する。

既存事業は，都度，営業活動を行う必要がある。

絶え間ない受注ができないと，安定的な収入が確保できない。

そこで，既存事業に加えて，安定的な収益を得るため，各企業が運用している Oracle のリモート保守サービスを考案した。

図表６－１　既存事業の業務エリアイメージ

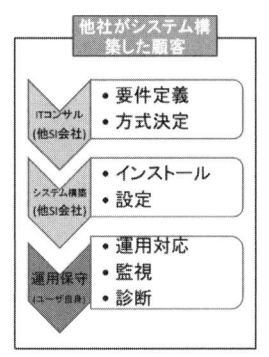

（図中は，アイ・ティ・プロデュースを ITP と記述）

通常，Oracle を運用している企業は，自社内に Oracle の管理者を有し，その管理者が監視やトラブル対応を行っている。リモート保守サービスとは，企業の Oracle の管理者になり代わり，アイ・ティ・プロデュースがインターネットを通じて，遠隔から Oracle の保守を行うサービスである。

（3）　環境分析により，計画を評価

経営革新のための計画を立てるにあたって，内部環境，外部環境の分析を実施した。

①　SWOT 分析

1）内部環境分析

当社は，Oracle に関して，処理速度の改善，セキュリティ対策，システム障害の未然防止を行えるなど高い技術力と柔軟な業務遂行能力がある。

しかし，従業員数は少数精鋭であり，技術畑出身者しかいないので，営業力に課題があり，大手に比べてブランド力は高くはない。

2）外部環境分析

a．顧客の視点

当社が得意とする Oracle は，データベースの中でも多くの販売実績を誇っており，「性能」や「機能」などの技術面で，非常に高い評判を得ている。

その反面，保守面の顧客満足度は非常に低い。したがって，特に，人的資源の乏しい中小企業には，Oracle の保守の潜在ニーズが高いと考えられる。

なお，技術動向の変化に伴い，今後，「Oracle から無償データベースへの移行の加速」「自社運用からクラウドの利用に移行」などにより，現在は高いシェアを誇っている Oracle の市場が縮小する危険性はあるものの，近い将来に Oracle の自社運用が根絶されるとは考えにくい。

b．競合の視点

当社が考えている新事業と同様のリモート保守サービスは，Oracle を販売している日本オラクル社が，制限付きで提供している。しかし，インターネットで検索を行った限り，他の企業で同様のサービスを明示的に行っている事例は特には見当たらなかった。これは，ある程度の柔軟性がないとサービスが提供できず，コンプライアンス上，厳格な契約を必要とする大手企業はこのサービスを提供しにくい反面，小企業では技術力や人的資源がないために，やはりサービスが提供できないからである。

② Oracle のリモート保守サービスによる新展開

上記の環境分析により，Oracle の保守の潜在ニーズが数多く存在し，特に，人的資源の乏しい中小企業には，そのニーズが高いと結論づけた。

無料データベースの増加などの脅威はある

図表6－2　経営革新後の業務エリアイメージ

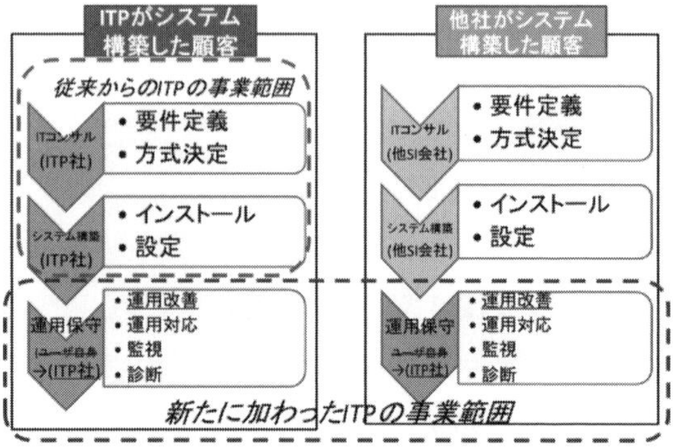

ものの，近い将来にOracleの自社運用が根絶されるとは考えにくく，逆に，多くの競合が明示的なサービスを掲げていない現時点で，いち早くリモート保守サービスに乗り出し，一定の顧客を獲得することが有効である。

したがって，中小企業を中心に，Oracleのリモート保守サービスを，当社の高い技術力と顧客の要求に対して柔軟に対応することにより，サーバの論理的な台数を基準としたリーズナブルな価格で提供する計画を立てることとした。

当該新事業の顧客数は，5年後の顧客数を10社（1～4年までに蓄積された顧客数が5社。5年目に獲得する顧客数が5社）と設定した。

(4) プロモーションの実施による受注活動の推進

当社は，以下のようなプロモーション戦略を実施した。

① **当事業の取引先への説明と，新規顧客の紹介**

この新事業を既存顧客に説明して，代理店となっていただくことにより，関心がありそうな企業を紹介していただいた。

② **知的資産経営報告書の作成**

当社の知名度不足を補うために，専門家の支援をいただき，当社の目に見えない資産をレポートする知的資産経営報告書を作成し，ホームページ上での公開やプロモーションに使用している。

③ **中小企業総合展への出展**

平成23（2011）年11月に開催された中小企業総合展に出展した。この出展は，既存顧客に案内状を送付することにより，新事業の受注はもちろんのこと，既存事業の案件の掘り起こしを行うことも狙った。

(5) 計画より前倒しで成果を達成し，一層の展開を図っていく

① **計画より前倒しでの初受注**

当社は，平成22（2010）年5月に，既存の取引先からの紹介により，当該

新事業の第1社目の顧客を計画より前倒しで獲得し，現在，サービスを提供している。

お客様からは，高い評価を得た。

サービスの提供後には，保守するコンピュータの論理的な台数も増えてきた結果，この事業の売上高は，売上高の10％を占めるようになった。

図表6－3　サービスイメージ図

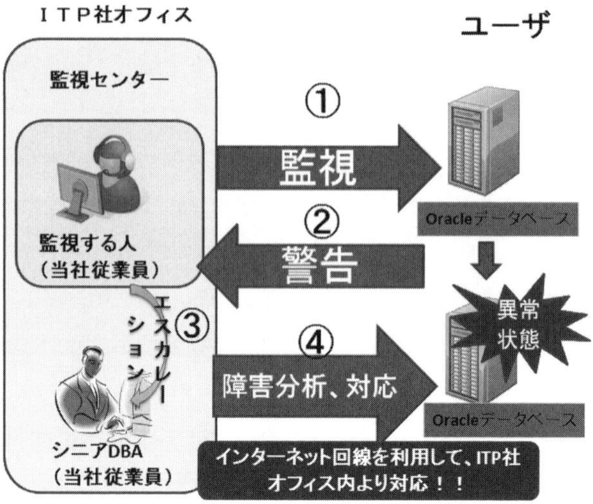

② 今後の新たな取組み

当社は，現在，2社目の顧客の受注を目指し，以下のような取組みを行っている。

1）顧客に対する信頼性の向上

新規顧客の信頼性を勝ち取るために，ISMSの認証取得に取り組んでいる。

2）プロモーションの強化

「ホームページからの受注」「ソフトウェアパッケージ会社からの紹介」による受注を行うためのプロモーションをさらに強化していく。

3）新サービスへの適用

当社は現在，新サービスを検討している。具体的には，「オープンソース系のインフラとOracleの構築サービス」，「ビジネスインテリジェンスサービス」，「ディザスタリカバリサービス」である。これらのサービスにも，このリモート保守サービスを適用したいと考えている。

2 無線通信技術を活かしてニッチ市場に攻め込む
㈱イーアンドエム

　セキュリティ管理の観点から，入退出管理は企業の重要課題になっている。ここで，カードをかざさなくても自然な動作で感知する，アクティブRFIDシステムが活躍している。株式会社イーアンドエムは，少量でもいろいろと応用可能なこの無線通信分野で，ニッチで多様な利用方法を数々のパートナーと共同開発してきた企業である。

　（※アクティブRFIDシステムとは，電池を内蔵し微弱電波を発信する無線ICタグによりさまざまなサービスを提供できるシステムのこと。）

（1）　企業概要

【企業名】 株式会社イーアンドエム	【代表取締役社長】 村田栄司

【設立】平成8（1996）年1月26日
【資本金】3,000万円　【従業員】30名
【本社所在地】栃木県下野市下石橋246-15
【TEL】0285-51-1731　【FAX】0285-51-1739
【URL】www.eminc.co.jp
【業務内容】通信機器等の設計・開発，試作・生産

村田英司社長

（2）　経営革新計画が会社のターニングポイントで成功に導いた

　当社は平成8（1996）年の創業以来，平成14（2002）年12月と平成21（2009）年11月の2回，経営革新計画の承認を受けている。

　第1回目は創業7年目にあたり，OEM企業からの一段の飛躍のため，機械設計分野進出による総合開発研究企業への躍進を図ったものである。

　第2回目は製品開発から市場開拓まで，自社製品を自社ブランドで立ち上げる体制の確立を図ったものである。具体的には，多周波数RFIDタグに対

応した新製品を自社開発し，市場開拓活動を自前で実施するもので，より高度化する顧客層のニーズに合わせ，受託できる業務分野の飛躍的拡大を意図している。

いずれも中小企業診断士の支援を受け，計画作成承認を得た。

(3) 会社の歴史を経営革新でたどる
① 独立の経緯と現在の主要業務

村田社長は，現在も当社主要メンバーとして活躍している仲間とともに，業務用通信メーカーから独立した。無線通信機器・情報通信機器に関する技術力を有することから，大手の手掛けにくいニッチ市場での製品開発支援に的を絞って業務展開してきた。

第1回目の経営革新計画をてこに，設計部門の内部化等により製造拠点まで持つ総合開発支援企業としての体制を固めた。現在，無線通信技術をコアとして，その応用製品を市場に投入するため，設計・開発および販売活動を展開している。「お客様と一体となりRF設計技術を使い，より付加価値の高い製品に仕上げる」との考え方を貫いている。

② 第1回目の経営革新計画

無線通信へのニーズの高まりを背景に，市場には大手の参入・競合化が進んだ。これに対抗するため，取得したISO9001を活用，一貫したコントロールのもと，内外のコラボレーション体制構築を図った。

図表6－4　第1回経営革新計画

	従来体制	計画する体制
開発の手順	設計の外部発注	全般自主管理
社内体制	技術力・IT化不足	技術力・管理力強化
事業の方向	生産中心の開発	ファブレス化

具体的には以下の諸施策を実行した。
1）体系的な技術教育の実施による技術力向上，開発スピードアップ
2）IT化等推進による原価管理等能力の強化，生産技術力の向上
3）生産協調関係の見直しによる一層のファブレス化の推進

③ 別のアプローチ

第1回目の経営革新計画で，管理体制を確立し，一定の成果をあげているが，その後の業界の動きは激しい。

別途，M＆Aによる製造部門の強化を図った。持てる技術力を現実の業務に活用するのがねらいである。

④ 第2回目の経営革新計画

次世代技術として有力視されているアクティブ型RFIDタグの標準化・高度化を狙った技術・技法・販売促進体制を確立する。多様化する顧客・用途をターゲットとして，製品設計の短期化を武器に市場開拓を図る計画を立て，具体的には以下の諸施策を実行する。

1）多周波数RFIDタグに対応する，ハイブリッド型スキャナー新製品開発部門の立ち上げと開発・完成（現在市場に存在しない商品）
2）新製品販売体制の確立・強化（新しい分野への進出）
3）ホームページのリニューアル，各種展示会への積極的出展
4）新製品の市場投入，協力会社による生産

図表6−5　第2回経営革新計画

	従来システム	計画するシステム
周波数	シングル対応	マルチ対応
使用環境	環境適合の調整制約あり	制約なし
通信距離	個別適合の調整あり	調整なし
使用用途	個別適合の調整あり	調整なし
経済性	個別条件調査必要 人件費・打合せコスト要	容易な条件・納期設定を可能に。 人件費・打合せコスト削減

具体的に狙うターゲット例（医療機関での事例）
1）医療機関でのカルテ管理
2）医療機関での医療機器管理

（4） 一歩一歩積み上げ実践
① 社内体制の確立
【計画に基づき実施した項目】
1）社内外での技術研修実施
2）ITによる原価管理システム導入
3）自社販売用パンフレット作成
4）ポータルサイト立ち上げ

【関係会社・協力会社との調整項目】
1）測定器購入
2）開発技術標準化，ラボとの連携
3）機構設計力強化，有力先との連携
4）生産協調関係の見直し

【その後の成果】
1）無線通信関連の商品化を多数実現
2）栃木県フロンティア企業3回認定
3）平成19（2007）年にISO14001の認証取得

② 自社製品・自社ブランド
1）試作品が完成，販売体制確立と展示会等での市場開拓活動に注力中
2）現在アクティブRFIDが利用されている各分野への営業活動中（入退出管理，物品管理，園児・迷子管理等）

本社工場

主要製品

マルチRFID試作品

（5） 目標を上回る付加価値増加

第２回目は実行中のため，第１回目の計画の成果を中心に報告する。

① 手順の主導権を持つことのメリット

１）計数面（目標2003～2005，実績2003～2007）

当時の経営革新計画期間は３年であったが，５年後の指標を計算した（図表６－６参照）。売上高については未達であるが，付加価値額については，経営革新計画の成果は平均水準以上で推移した。

図表６－６　計画終了の２年後の実績

指標	計画終了（３年）時目標	５年後実績
売上高	指標189.7%	204.6%
付加価値額	170.8%	219.2%

２）体制面

計画の実践により，OEMでも一貫した開発支援体制を確立した。

成果の例として，OEM開発で平成21（2009）年のバリアフリー・ユニバーサル推進で内閣総理大臣賞を受賞した身障者用製品の開発支援が挙げられる。

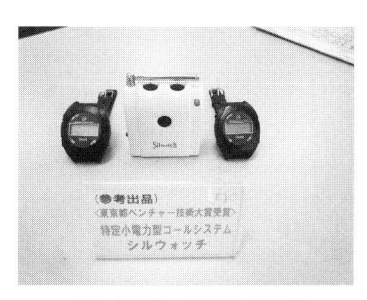

身障者用腕時計型受信機

このように，受託先を増やし着実に実績をあげている。

② 自社製品・自社ブランド立ち上げに向けて

現在，全社を挙げて自社製品・自社ブランドの立ち上げに邁進している。その後は，新たな利用方法を求める企業と本格的な開発・市場開拓活動を推進していく計画である。

イーアンドエムにとって，経営革新計画は，会社のターニングポイントでの重要な役割を担ってきたスキームである。

3 介護ソフト新シリーズで経営革新をした（株）ジャニス

（1） 企業概要

　株式会社ジャニスはもともと給与計算ソフトウェアの実績から介護・障害者福祉事業者および福祉分野の職業紹介・派遣事業者向けのソフトウェア「響」シリーズを商品化し，販売している。このシリーズは，介護保険事業者向けソフトウェア，障害福祉事業者向けソフトウェア，職業紹介事業者向けソフトウェア，経営支援システム・訪問介護計画書システムなどの共通サービスソフトウェアからなる。

　創業後15期目になり，ソフトウェアの品揃えができてきて，年商3.5億円レベル，累積顧客事業者は1,500社を目標にする段階になってきている。

【企業名】	【代表取締役社長】
株式会社ジャニス	吉澤満治

【設立】平成10（1998）年7月18日
【資本金】2,000万円
【従業員】41名
【本社所在地】東京都港区西新橋3-13-7
　　　　　　　MG愛宕ビルディング9F（東京本社）
【TEL】03-5402-3761　【FAX】03-5402-3763
【URL】http://www.janis.co.jp
【業務内容】介護事業所向けソフトパッケージの
　　　　　　開発・販売

吉澤満治社長

（2） 革新的なソフトウェア商品の開発で経営革新計画に取り組む
① 今までのソフトウェア商品ラインナップ

　当社はもともと給与計算ソフトウェアの実績から介護・障害者福祉事業者および福祉分野の職業紹介・派遣事業者向けのソフトウェアを商品化してきている。経営革新計画申請時のソフトウェア商品のラインナップを以下に示す。

図表6－7　(株)ジャニスのソフトウェア商品（経営革新計画申請時）

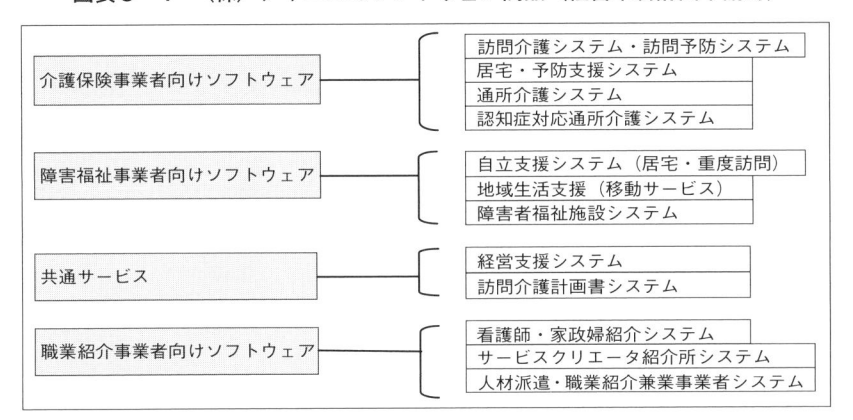

介護保険事業者向けソフトウェア	訪問介護システム・訪問予防システム
	居宅・予防支援システム
	通所介護システム
	認知症対応通所介護システム
障害福祉事業者向けソフトウェア	自立支援システム（居宅・重度訪問）
	地域生活支援（移動サービス）
	障害者福祉施設システム
共通サービス	経営支援システム
	訪問介護計画書システム
職業紹介事業者向けソフトウェア	看護師・家政婦紹介システム
	サービスクリエータ紹介所システム
	人材派遣・職業紹介兼業事業者システム

② ソフトウェア商品の強みと弱み

1）強み

　今後の介護福祉の中核は在宅介護である。その働き手の主役は介護しているヘルパーであり，そのヘルパーの意識向上，待遇改善を主体とするシステムを構築している。具体的には，スケジュール管理，給与計算，勤怠管理，国家試験の受験資格データの保存など。

　訪問介護と障害者向け自立支援システムの一元化をデータベースを共有し同一ソフトで稼働させ，他社に類をみないサービスを提供している。

2）弱み

　ソフトウェア商品の品揃えは競合他社と同等であるが，他社との競合優位性を持つ革新的なソフト商品がない。九州地区に集約したソフトウェア開発センターの当社のシステム開発力を増強し，競合力のあるソフト商品開発を進める必要がある。

③　**経営革新計画申請の思いは介護在宅複合システム商品の開発**

　業界に先駆けた革新的なソフトウェア商品「介護在宅複合システム商品」開発と，販売効率のよい代理店販売網の構築のためである。

　自社の競合優位性を活かすため「介護在宅複合システム商品」を開発して

在宅介護システムのシェアを高める。このソフトウェアによりヘルパーと家政婦，看護師の総合的な支援サービスを実現する方針を設定した。データベース化することにより圧倒的に効率化・時間短縮・利便性などを発揮することになる。

　販売面からのきっかけとしては，経営革新計画作成時では既存顧客数950社であるが，直販のみの販売での成長限界から，売上成長率が低下していた。このため直販を維持強化しつつ，当社として初めての介護ソフト代理店販売網を構築し売上強化を図ることにした。

（3）　3分野（介護保険，障害福祉，紹介業（家政婦・看護師））のデータベースを一元化

①　介護在宅複合システム新商品の開発

　他社の介護ソフトは介護保険，障害福祉，紹介業（家政婦・看護師）の3分野の各ソフトが独立に提供されている。このため，これらの3分野に対して，次のような問題があった。

　＊ヘルパーおよび介護利用者のスケジュール管理の一元管理ができない。
　＊ヘルパーの会計処理，給与計算も一元管理できない。
　＊利用者の会計処理の一元管理ができない。
　＊レセプト処理での一元管理ができない。

　市場ニーズとしてこの一元管理ができれば介護事業者の業務の大幅な効率化が期待できる。当社のみがこの3分野のノウハウに精通しており，業界に先駆けこの3分野の処理を複合化した革新的なソフト商品の開発ができる。

　一元化することで，今までの時間と手間がかかる手作業がなくなり，効率化・時間短縮・利便性が達成できる。

　これを「介護在宅複合システム商品」として経営革新計画で開発，実用化する。開発は平成21（2009）年5月の完成を目標にした。

図表6-8　介護在宅複合システム商品のイメージ

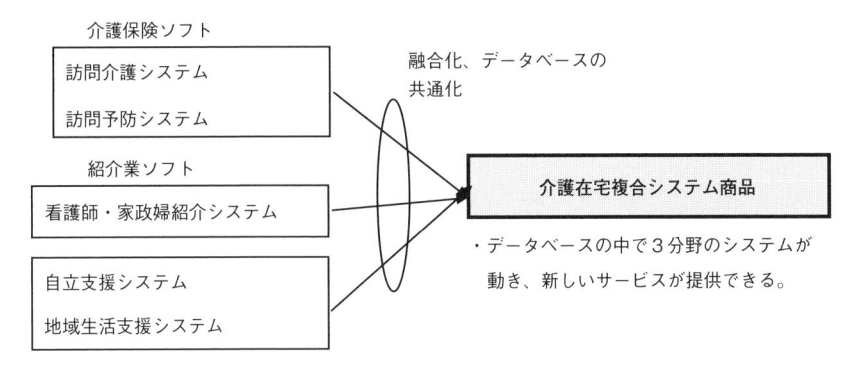

介護保険ソフト
- 訪問介護システム
- 訪問予防システム

紹介業ソフト
- 看護師・家政婦紹介システム

- 自立支援システム
- 地域生活支援システム

融合化、データベースの共通化

→ **介護在宅複合システム商品**

・データベースの中で3分野のシステムが動き、新しいサービスが提供できる。

②　代理販売網や情報収集の仕組みを構築

1）OA機器販売チャネルの活用

　コピーや複合機の販売をしている大手OA機器メーカー系列の販社の販売代理店化を行う。

2）当社顧客の1,500社の介護事業者，地域介護用品販売事業者を販売情報店化

　介護ソフト導入ノウハウはないが，介護事業者情報を広く有しており，情報店化し，当社営業へつなぐことにする。

3）介護コンサルティング事業者との連携

　介護ソフト販売促進面の強化のため介護事業に強いコンサルタント（行政書士，税理士，中小企業診断士，社会保険労務士，弁護士）などと連携し，介護事業創業者向け，中堅介護事業者向けなどへプロモーションを行い，介護ソフトの拡販を行う。

（4）　計画の実践で新商品「シンフォニーの統合サービス」を完成

①　介護在宅複合システム新商品の開発

　開発は平成21（2009）年5月までに完了させるとして申請したが，最終的には平成22（2010）年10月までかかった。商品名は「シンフォニー（統合版）

響」とした。訪問介護，予防訪問介護，福祉用具，通所介護，居宅介護，重度訪問介護，行動援護，高齢者複合施設サービス，地域生活支援事業（移動支援），障がい福祉施設の各業務を統合したもので好評を得ている。

図表６－９　シンフォニー（統合版）の統合サービス

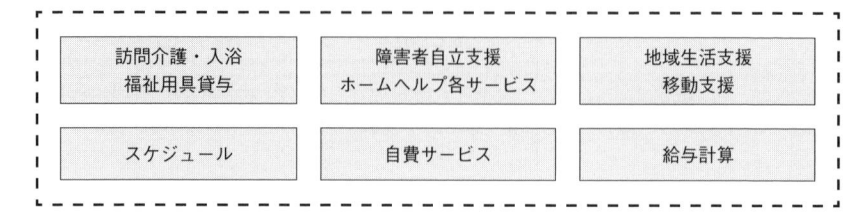

訪問介護・入浴福祉用具貸与	障害者自立支援ホームヘルプ各サービス	地域生活支援移動支援
スケジュール	自費サービス	給与計算

② **販売面の革新**

経営革新計画ではOA機器販売チャネルの活用，自社顧客の介護事業者，地域介護用品販売事業者の販売情報店化，介護コンサルティング事業者との連携を提案した。この提案はすべて実行に移しているが，売上成果としては不十分で，まだまだ自社直販での営業中心であり，間接販売チャネルの開拓など課題が多い。

③ **売上実績など**

経営革新計画での売上高計画を，現在３年目になっているがほぼ達成している。これは革新計画の新商品であるシンフォニーシリーズの開発が１年以上遅れたが，その間直販の営業努力で累積1,500社近くの顧客を獲得できたからである。全国シェアとして３％を超えている。

④ **ソフトウェア開発力の強化**

商品化開発が遅れたのは，現商品でのフォローの繁忙などで新商品開発に手が回らなかったものであるが，ソフトウェア開発力の強化が課題である。実績ある中国ソフト企業とオフショア開発契約を進めている。

シェアアップの秘訣は強い商品と顧客フォローおよび販売力である。この３つの柱が経営革新計画認定からようやく回り始めてきた。

4 自社商品の開発・販売で飛躍する㈱ゲネシス コンマース

(1) 企業概要

株式会社ゲネシス コンマースは平成11（1999）年4月「通信・制御分野のシステムクリエーター」として創業。コンピュータの普及に合わせてさまざまな制御機器，情報機器の統合システムの構築や開発，技術支援，保守サポートを手掛けてきた。

現在は，こうした各種基幹系システム開発に加えて，情報漏洩の脅威を解決するべく，次世代セキュリティ製品の開発と，注目を浴びているリアルタイム映像鮮明化技術開発に取り組んでいる。

安斎誉彦社長

平成22（2010）年8月には，ビジネス環境の高度化を目指し，厳しい審査をクリアして，三菱地所が運営するインキュベーション施設「日本創生ビレッジ」に入居することができた。この施設には三菱地所のスタッフが常駐していてさまざまなサポートが受けられるうえ，交通至便な立地にあることから多くのビジネス情報が交流する。こうした中，更なる成長を期している。

【企業名】 株式会社ゲネシス コンマース	【代表取締役社長】 安斎誉彦
【設立】平成11（1999）年4月　　【資本金】1,000万円 【従業員】10名 【本社所在地】東京都千代田区丸の内1-5-1　新丸の内ビルディング10F 【TEL】03-3287-7339　【FAX】03-3287-7385 【URL】http://www.gcs-tokyo.co.jp 【業務内容】リアルタイムデジタル映像鮮明化装置，情報セキュリティ・システム開発	

(2) 「セキュリティ」の重要性啓蒙を目指した商品開発

個人情報保護法が施行されて数年，機密保持には一段と厳重さが求められている中で，情報漏洩事件が大きな社会問題となりメディアを賑わすことは珍しくない。法施行に伴い独自のセキュリティポリシーを設ける企業，団体は確実に増加しているものの，実務の煩雑さなどの理由から現場の隅々にまで浸透せず，情報漏洩事件が後を絶たない。

こうした現状に対し，当社は防衛システムなど官公庁向け特殊分野のシステム開発を手掛ける中で培ってきた情報セキュリティに関する独自の技術と開発力，コネクションを最大限に活かし，従来行ってきたシステム開発・保守サービスに加え，高度なセキュリティ技術を用いたシステム開発とセキュリティ機器の販売へ本格参入することを目指してきた。

一見しただけではわかりづらい複雑な暗号化技術を一般に広め，情報セキュリティの重要性を啓蒙し，企業や個人ユーザーのセキュリティに対する認識を向上させるとともに，セキュリティ市場の拡大および活性化を目指したことが経営革新計画の策定と承認申請のきっかけである。

(3) セキュリティ機器2機種の発売

① 簡単で安全，常にデータを保護するHDD「サイファーX」の発売

サイファーXは，増え続ける情報漏洩の危険性からユーザーのデータを保護する暗号化モバイルストレージである。スマートカードと暗証番号でユーザー認証を行ったサイファーXに，重要なデータを書き込むことでデータを暗号化することができる。

仮にサイファーXを分解し，内部のHDDを取り出したとしても，HDD内部のデータを取り出すのは不可能であり，データ漏洩の危険性を低下させる

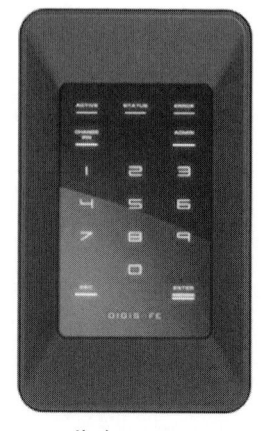

サイファーX

ことができる。

　サイファーXの利用シーンとしては，個人情報を扱う企業のデータ管理や社内データを外部に持ち出す際のストレージ，社内データの安全なバックアップツール，地震・火災などの緊急災害に備えたデータ管理などが想定される。本機は，次のような機能を有している。

・スマートカードと暗証番号による二重認証機能
・ハードウェアベースのリアルタイム暗号化・復号化方式の採用
・ソフトウェアやドライバのインストール不要，すべてのOSで使用可能
・ファームウェアのアップグレードは一切不要
・BIOS上で本機の自動認識を実現

　② ネットワーク自動暗号化装置「NetCrypt」の発売

　NetCryptは，「ハード認証」「通信トンネル展開」「情報暗号化」を行う暗号化IP通信装置である。

　ハード認証，通信トンネルの展開，情報暗号化の「情報セキュリティ対策機能」と，広域ネットワークの構築，高速通信帯域の保障が可能な「ネットワーク機能」を併せ持ち，内部や外部からネットワークへの不正侵入，情報の盗難・漏洩，データの改ざんによる顧客情報の漏洩被害を未然に防ぐための機能が搭載されている。

NetCrypt

（4） マーケティングと営業力の強化

　当社の持てる技術を結集して発売した製品は，世界最高レベルのセキュリティ機能を有しているが，日本の一般市場ではまだ認知度も低く，浸透していないセキュリティ方式であることから，企業や個人などユーザーに対して技術の高さ，製品のよさを説明していく必要がある。

これまでの当社は，技術オリエンテッドな社風であるが，今後は，マーケティングと製品の提案力の強化をしていく必要があり，不足する人材の採用が急務となっていた。

① 営業社員の採用と教育による営業力強化

当社の営業社員は，個人ユーザー，企業，各種団体に対して，情報セキュリティシステムの構築を提案していくことから，技術の理解力と営業力を併せ持つ人材であることが求められる。

幸い優秀な人材も流動化していて，技術がわかると同時に営業ができる人材の採用も実現し，本格的な提案活動が展開できる状況が整ってきている。

② 日本最大のIT専門展「第8回情報セキュリティEXPO」出展

平成22（2010）年に引き続いて，平成23（2011）年も当社製品のPRの場として，日本最大のIT専門展「情報セキュリティEXPO」に出展した。各地で開催される展示会等には，製品の認知度向上を目指し，今後も積極的に出展を検討していく。

（5） 開発商品の市場導入は続く

① 電子透かしソリューション「StegMark」の発売

StegMarkは，映像やデジタル画像，写真および大切な電子ドキュメントに対する信頼性と著作権の保護を目的として，リアルタイムに映像や画像の電子透かし処理を行うことができるソフトウェアソリューションである。

電子透かしは，人間の目では認識できない。微小な変更を映像や画像，文字などのデジタルコンテンツに埋め込み，必要に応じてその情報を検出する技術である。電子透かしによりデジタルコンテンツに埋め込まれた情報を取り除くことは一般

StegMark

的には困難で，不正の防止に役立っている。

図表6-10 電子透かしの概要（山田隆亮氏作成）

② 今後に手応え

当社の売上高成長率の推移は，図表6-11のとおりである。平成22（2010）年3月，経営革新計画承認後，新製品の市場導入のため，収益活動に割く時間が減少し，売上高は低迷した。

図表6-11 売上高成長率推移（%）

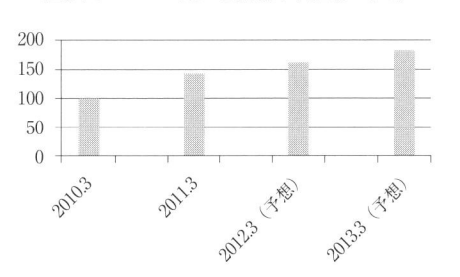

徐々に開発製品の市場導入が進み，製品の評価が高まるにつれ売上高の向上に結びついてきた。「セキュリティ」の重要さを啓蒙しながら，セキュリティ市場拡大にチャレンジし続けている。

5　ネットで絵本の購買行動を革新し，躍進する㈱絵本ナビ

（1）　企業概要

　株式会社絵本ナビは，インターネットのオンラインサイトで絵本の販売を行って，躍進している会社である。その特徴は，絵本をインターネット上で1回だけ全ページ試し読みを可能にして，安心して購入につなげていることにある。絵本を通じて「幸せな時間を提供する」という経営理念を社員，取引先，お客様に徹底し，新しい購買行動の革新を起こした。

【企業名】 株式会社絵本ナビ	【代表取締役社長】 金柿秀幸
【設立】　平成13（2001）年10月 【資本金】　1億6,150万円 【従業員】18名 【本社所在地】東京都渋谷区大山町45-18 　　　　　　　代々木上原ウエストビル4F 【TEL】03-5790-8820　【FAX】03-5790-8899 【URL】http://www.ehonnavi.net 【業務内容】コマース事業 　　　　　　マーケティング支援事業 　　　　　　インターネット・メディア事業	

金柿秀幸社長

（2）　経営革新計画申請のきっかけ

　当社での経営革新計画申請のきっかけは，会社設立後10年を迎えるにあたって，業容を発展させるために公的機関に認証してもらいイメージを向上させる必要があったためである。絵本ビジネスを分析して全ページの試し読みはこれまでどこのサイトも実施していなかった。また，経営革新計画申請を社員全員で取り組む基盤ができつつあったこともタイミング的によかったためである。承認は平成22（2010）年12月であった。

全ページ試し読み WEB サイトの一部

（3） 経営革新計画の内容は購買行動の革新だった

　経営革新計画の内容は，これまでサイト上でどこも実施していなかった全ページ試し読みという新たな情報提供および販売方式の導入であった。通常，ネット上で全ページを試し読みできたら，購買につながらないのではないかという懸念が先にたつ。しかし，この方式を導入するにあたっては十分なマーケティング分析があった。
　① 絵本は1回読んだだけで終わらない。
　② 子供に読み聞かせる親は，絵本の内容を知ってから購入したい。
　③ 子育てに忙しい親に，正しい絵本選びを書店に行かずとも提供できる。
　④ 絵本の購入の本質は，親子との将来にわたる幸せな時間の提供にある。
　これらの分析に加え熟考の末，全ページの試し読みというこれまでの情報提供および販売方式を新たに加えることができたのである。この絵本選びの提案には「幸せな時間の提供」という経営理念の精神に基づいて実現されていることが当社の特徴であり強みといえる。

絵本クラブで経営理念を表現した WEB サイトの一部

（4） 経営革新計画の実践によりアクセス数が着実に増える

　全ページ試し読みによる経営計画の実践は，ほぼ4倍に販売数が増加し購買行動の革新を起こすことができた。その背景には，顧客，出版社，ライバ

ルサイト企業，従業員とのさまざまな仕組みを地道に積み上げてきた成果があることは言うまでもない。

当社の経営理念を中心にその関係をまとめたものが図表６－12である。

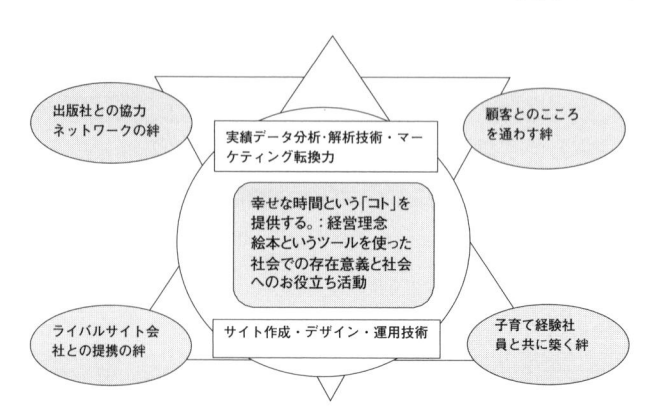

図表６－12　絵本ナビワンストップ WEB サイトの運用イメージ

[図：中央に「幸せな時間という『コト』を提供する。：経営理念　絵本というツールを使った社会での存在意義と社会へのお役立ち活動」を配置した星形の図。周囲に「実績データ分析・解析技術・マーケティング転換力」「顧客とのこころを通わす絆」「子育て経験社員と共に築く絆」「サイト作成・デザイン・運用技術」「ライバルサイト会社との提携の絆」「出版社との協力ネットワークの絆」が配置されている。]

（5）　成功のポイントは「理念」と「スキル」と「人」にあった

絵本選びの充実は家族の幸せを願うことにあり，取引先や社員，顧客とともに成長しようとする姿をすでにみてきた。また，従業員には以下の３つの活動があったことも重要な点である。

①　明確な経営理念とその実践の徹底
②　自社で中心的なシステムを構築できるスキル
③　社員全員で取り組む風土

購入顧客になると，絵本クラブに入会することができ，毎月定期的に絵本ナビのお薦め本を購入することも可能である。絵本クラブにより固定客の確実な増加を仕組み，一方でサイトでの情報の交換の充実により確実にビジネスチャンスが広がることになる。

これらの革新を小林勇治の「ミーコッシュ式理論」における５つのマネジメント要件で捉えてみると図表６－13のとおりである。

図表6-13　5つのマネジメント革新要因

- マインドウェアイノベーション
    考え方の革新：幸せ時間の提供という明確な考え方
- ヒューマンウェアイノベーション
    やり方革新：全ページ試し読みにより購買行動の革新
- コミュニケーションウェアイノベーション
    約束ごと革新：出版社や競合先，従業員との関係づくりを実現
- ソフトウェアイノベーション
    プログラム革新：全ページ試し読み制御プログラム等の高いスキル
- ハードウェアイノベーション
    有形資産等：職住近接本社ビル，オフィス空間での創造的活動

出所：小林勇治編著『「経営革新支援」の進め方』同友館

（6）　経営革新を実践した結果

当社の売上は好調に推移しており，絵本ナビのアクセス数もほぼ20％に，メンバー登録者数に至っては50％も上がった。月間利用者数はすでに60万件を超えていることから，経営革新計画の実践は大きな成果をあげてきている。また，経営革新計画承認により融資も受けることできた。取引先からもビジネス上の協力が得やすくなり，社員のモラールも高まっていることも大きな成果である。

図表6-14　アクセス数の伸び率

アクセス数の伸び率　単位：数

	2010年9月末	2011年9月末	伸び率
評価感想	170,000	205,409	120.8％
紹介作品	34,500	37,806	109.6％
月間利用者数	509,000	607,000	119.3％
メルマガ配信数	105,000	127,852	121.8％
メンバー登録者数	69,000	108,629	157.4％

今後,当社では以下の3つのことに取り組み,ビジネスを発展させていく方針である。
① 絵本ナビの全ページ試し読みの種類を増やし,サイト運営を充実
② 「コトによる体験」を通じ,生きる力「まなびナビ」のサイトの進化
③ 絵本・まなび以外にも「幸せな時間」を提供するサービスを拡大

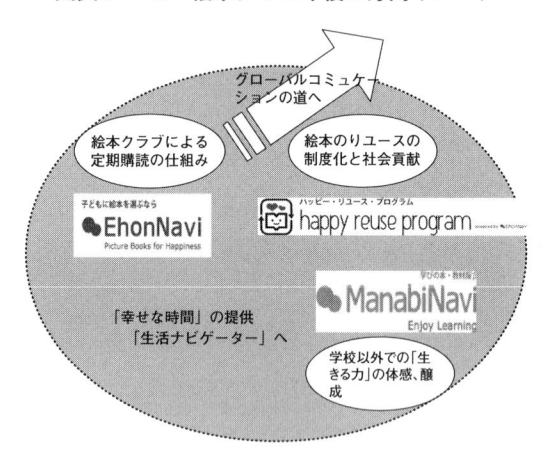

図表6－15　絵本ナビの今後の方向イメージ

「絵本ナビ」は国内の児童書全体にとどまらず,子育て市場全体に向かって幸せな時間の提供をする「まなびナビ」や「その他の幸せ時間を提供するサイト」にも意欲的である。また,海外市場も視野に入れ,アジアの教育市場にも積極的に参入を考えている。

執筆者紹介

【編著者】
小林　勇治（こばやし　ゆうじ）
資格：中小企業診断士，IT コーディネータ，認定事業再生士（CTP）
経歴：イー・マネージ・コンサルティング協同組合代表理事，IT コーディネータ協会副会長，㈱マネジメントコンサルタンツグループ代表取締役。コンピュータメーカーに17年勤務後，IT 経営革新コンサルタントとして独立26年。流通業・サービス業のIT支援が専門。「破格的見積の獲得と当初見積でシステム完成を」モットーに多くの支持を得ている。

【執筆者】（執筆順）
小澤　栄一（おざわ　えいいち）
資格：中小企業診断士，1級販売士，ハーマンモデル・ファシリテーター
経歴：㈱LIXIL〔元㈱INAX〕勤務。社内および取引先や子会社にて，営業力強化，経営戦略・革新の立案・推進，内部統制を実践。地域活動として，商店街・個店を支援。

岡本　良彦（おかもと　よしひこ）
資格：中小企業診断士，IT コーディネータ（同インストラクタ），1級販売士（同登録講師）
経歴：大手電機メーカー勤務等を経て，2000年中小企業診断士登録。

野口　能孝（のぐち　よしたか）
資格：中小企業診断士
経歴：東京大学法学部卒，三菱銀行参与審査部長，金商又一代表取締役専務，ケル常勤監査役を経て独立。

草刈　利彦（くさかり　としひこ）
資格：中小企業診断士，2級知的財産管理技能士，ISO9001/ISO27001審査員補
経歴：パトス・コンサルティング・ファーム代表。コンピュータメーカーに30年勤務の後，経営革新コンサルタントとして独立。製造業の技術革新と業務工程改革支援が専門。

高橋　邦雄（たかはし　くにお）
資格：中小企業診断士，税理士，ISO9001主任審査員，ISO27001主任審査員
経歴：高橋経営研究所兼高橋邦雄税理士事務所所長。大手金融機関の事業調査部等，その後，系列総合研究所に経営コンサルタントとして勤務。経営体質改善，事業承継等を実施。

大矢　たかし（おおや　たかし）
資格：中小企業診断士，宅地建物取引主任者，ファイナンシャルプランナー（CFP）
経歴：(有)アサートアンドトラスト代表取締役，百貨店，ゴルフ場，不動産会社勤務の後，中小企業診断士として独立。当事者目線での支援が信条。

筒井　恵（つつい　めぐみ）
資格：中小企業診断士，認定事業再生士（CTP），ITコーディネータ
経歴：有限会社リンク・サポート代表取締役。（公財）かがわ産業支援財団応援センター専門家，（独行）中小企業基盤整備機構四国支部CAD，東京都再生支援協議会，香川県再生支援協議会専門家，東京都・香川・岡山の各公社・商工会・商工会議所専門相談員等を務める。

柳　義久（やなぎ　よしひさ）
資格：中小企業診断士，TAM（ターンアラウンド　マネージャー）
経歴：KCGコンサルティング㈱代表取締役。日本ビクター㈱18年，エスエス製薬の宣伝子会社18年の勤務を経て独立。マーケティング，経営改善，金融相談などの支援が中心。

大場　貞男（おおば　さだお）
資格：中小企業診断士，ITコーディネータ，事業再生アドバイザー
経歴：NS経営研究所代表。情報通信企業勤務の後，経営コンサルタントとして独立。主に経営革新，ベンチャー支援，事業再生・承継，IT化支援，助成金支援などに携わる。

八木　田鶴子（やぎ　たづこ）
資格：中小企業診断士，ITコーディネータ，1級販売士，事業再生アドバイザー，等
経歴：㈲テオリア代表取締役。三菱銀行，アパレル会社等勤務の後，2008年中小企業診断士として独立。小売業，サービス業の経営革新，マーケティング戦略等が得意。

高屋敷　秀輝（たかやしき　ひでき）
資格：中小企業診断士
経歴：B.G.コンサルティング代表。特殊鋼メーカーに36年勤務の後，経営コンサルタントとして独立。営業・マーケティングおよび生産管理の支援が専門。

京盛　真信（きょうもり　まさのぶ）
資格：中小企業診断士，公認内部監査人，BS25999審査員，ITコーディネータ
経歴：事業継続研究所代表。三菱電機株式会社，三菱電機インフォメーションシステムズ（株）を経て独立。経営革新，ITリスク管理が専門。

波形　克彦（なみかた　かつひこ）
資格：中小企業診断士，ITコーデイネータ，社会保険労務士
経歴：商業システム研究センター代表。早稲田大学ビジネススクールで物流・IT専攻，卸売業，専門店，物流指導が専門。

山辺　俊夫（やまべ　としお）
資格：中小企業診断士，ITストラテジスト，システム監査技術者，MS Exam 70-448
経歴：IT企業などに22年勤務の後，中小企業診断士として独立。主にITを中心としたコンサルティング，知的資産経営，CSR支援やマンガによるプロモーション資料の作成を行っている。

土田　健治（つちだ　けんじ）
資格：中小企業診断士，ITコーディネータ
経歴：土田経営コンサルティング事務所代表。IT企業に27年勤務の後，経営コンサルタントとして独立。主に経営革新，IT経営，知的資産経営，環境経営などの支援に携わる。

野﨑　芳信（のざき　よしのぶ）
資格：中小企業診断士，認定事業再生士（CTP），証券アナリスト協会検定会員（CMA）
経歴：野﨑ビジネスコンサルティング代表。金融機関等に28年勤務の後，事業再生・経営革新・経営承継コンサルタントとして独立。卸・小売・サービス業の経営支援が専門。

日比　雅之（ひび　まさゆき）
資格：中小企業診断士，1級販売士（同登録講師）
経歴：大手時計メーカーに約38年勤務し，コンサルタントとして活躍中。小売業，卸売業への経営支援・業態開発に精通。

小山田　哲治（おやまだ　てつじ）
資格：中小企業診断士，事業再生士補
経歴：大阪大学理学部卒業，日本電気㈱，日本電熱㈱を経て独立。

2012年3月28日　第1刷発行

「経営革新計画」で成功する企業

編著者　小　林　勇　治
発行者　脇　坂　康　弘

発行所　株式会社　同友館

東京都文京区本郷 3-38-1
郵便番号　113-0033
電話　03(3813)3966
FAX　03(3818)2774
http://www.doyukan.co.jp/

落丁・乱丁本はお取替え致します。　　藤原印刷／松村製本所
ISBN978-4-496-04874-6　　　　　　　Printed in japan

本書の内容を無断で複写・複製（コピー），引用することは，
特定の場合を除き，著作者・出版社の権利侵害となります。
また，代行業者等の第三者に依頼してスキャンやデジタル化
することは，いかなる場合も認められておりません。
